JN029949

大西泰斗の

それわ英語ぢゃないだらふ

大西泰斗

幻冬舎

はじめに

「日本人はなぜ英語が話せないのか」——多くの英語教育に携わる方々と同じように私も長年この疑問を抱えて仕事をしてきました。ようやく信じるに足る解答に辿り着き、本書でお伝えする次第です。

　結論は単純です。話せないと悩むのは、種を蒔いてもいない畑を眺めて「なぜスイカが実らないのか」とため息をついているようなものだ、ということです。習っていない、まして練習などしていないことなどできはしない——ごく単純な因果があるだけです。第一に英文法、第二に表現学習において、私たちの英語学習にはポッカリ大きく欠けた部分があります。端的に言えば、私たちが学習してきたものは英語そのものではないのです。これほどの欠陥がなぜ見逃されてきたのか——この疑問についても併せてお答えしたいと思います。

　また、本書では英文法、表現の新しい学習方法だけでなく、会話力を育てるこれからの英語学習も紹介しています。

　欠陥がわかれば手当はむずかしいことではありません。本書を書き終えた今、私は日本人は必ず話せるようになると確信しています。

　本書は英語学習書ではありません。ですがもし、みなさんが英語力の伸び悩みを感じているなら、現状打開のヒントを得ることができるかもしれません。私たちの誰もがみな、漏れなく、過去の英語教育の申し子であるからです。

令和3年9月24日
著者　大西泰斗

第**3**章▶イメージ

第4章 ▶ 英会話の学習

装幀　小口翔平＋加瀬梓（tobufune）

イラスト　瀬知エリカ

DTP　美創

第**1**章

▼

学校文法

1

日本人が英語を話せない
理由

「日本人が英語を話せないのはなぜか」は古くて新しい問題です。以前よりさまざまな理由が考案されてきました。「日本人は完璧主義でまちがいを恐れるから」「日本人は内向的だから」……などが、よく言われるところでしょうか。

どの意見にも頷けるところはありますが、決定的な要因ではありません。性格が万事いい加減で「伝わればいいのさ」のタロウ君も、いつでも明るくハキハキ外向的なハナコさんも、標準的な英語教育だけでは話せるようにはならない──ごく少数の例外を除いて一様に話せるようにならないというこの事実は、この問題が日本人気質に由来するものではなく教育内容の欠陥であることを物語っています。

同様によく言われる「日本では英語に触れる時間が足りないからだ」も説得力は今ひとつです。私たちは中・高・大の8年間、さらに最近では小学校から英語に多大な時間を費やしていますが、ごく簡単な会話もままならないのが現状です。時間が問題であるなら、ネイティブスピーカーたちの数十分の一程度にせよ、確かな会話力を達成しているはずではないでしょうか。英語教育には、「話す」ために必要な何かが欠けているのです。しかも決定的に。

この章では中・高で学ぶ、いわゆる「学校文法」について、何が決定的に欠けているのかを検討しましょう。

2
文法は学校文法だけではない

　私たちの慣れ親しんだ学校文法は、唯一無二の文法ではありません。「文法」は、ことばやその体系を説明したもののこと。目的に応じて自由に作り出すことができますし、言語学では実際、多くの文法が存在します。私たちは否応なく学校文法を学んできましたが、他にも選択肢はあるのです。

　これから学校文法を「引き画（え）」で少し離れたところから眺め、評価してみましょう。現行の学校文法は果たして、私たちの学習を託すにふさわしい選択なのでしょうか。

3

文法を評価する基準

　まず文法を評価する基準を明記しておきましょう。文法の中には、学習とは無縁のものも数多く存在しています。私は学生時代よりしばらくモンタギュー文法という特殊な文法体系を研究してきましたが、この文法をマスターしても英語力は寸分たりとも伸びません。学習が目的ではないからです。ここでは「文法一般」ではなく「学習文法」という観点から評価基準を設定しましょう。

①「英語ということば」がわかる

「英語ってそもそもどんなことば？」が俯瞰できていれば、習得は容易になります。日本語との大きな性質のちがいを考えればもっとも重要な基準です。

②シンプルである

　用いる規則・原則はシンプルであること、また文法項目数もなるべく少なくしなければなりません。複雑な規則・多数の規則は学習を困難にするからです。複雑な現象は多くの場合、汎用性のあるシンプルな規則を掛け合わせることによって説明ができます。規則に十分汎用性があれば、多くの現象を単一の規則で説明することができ、覚えなければならない項目の数を抑えることができます。

③心理的に妥当である

　誰も頭の中で使っていないような、不自然な規則は避けなければなりません。英語話者の心理に沿った自然な規則なら、学習者も自然に受け入れることができます。

④説明的である

規則には、可能な限り理由が期待されます。さらにその理由が「英語ってそもそもどんなことば？」から自然に導かれるなら、学習者の英語観はストリームライン化され、学習は効率的になります。

まとめれば、望ましい英文法とは「一読して英語というものがわかり、規則はシンプルで納得のできる理由と自然さを有している」、ということになるでしょう。いたって穏当な評価基準だと思いますが、いかがでしょうか。

さっそくこの基準に照らして学校英文法の内容を検討していきたいところですが、その前に片付けておかなければならない問題があります。それは「ぐるぐる問題」。

4

ぐるぐる問題と
文法用語

　学校文法は内容のわりには過大に評価されてきた、私はそう考えています。この文法が数十年の間、本質的に何も変更されず受け入れられてきた理由のひとつは、奇妙に思われるかも知れませんが、おそらく難解に見える文法用語です。実のところ、難解でも高度でもありませんが難解そうに見える——そこがポイントです。人は「難解そう」には弱いものです。難解そうな用語から壮大で精緻な理論的体系を想像してしまうのは人の常です。

　「人類は、その後も多くの体系を創りだし、信じてきた。ほとんどの体系はうそっぱちを密かな基礎とし、それがうそっぱちと思えなくするためにその基礎の上に構築される体系はできるだけ精密であることを必要とし、そのことに人智の限りが尽くされた」

　司馬遼太郎の中国古代宗教についての記述ですが、難解さが盲信——内容を吟味することなく信じること——につながることを見抜いています。[1] もちろん学校文法が「うそっぱち」だとは言いませんが、ちょうど同じことが起こっているのです。学習者の多くは複雑な説明を、その難解な見かけの故に当否を検討することなく、無批判に受け入れます——「すばらしく重要なことを述べているはずだ」。
　文法用語の鎧を纏った学校文法はかくして、厳しい批判の目に晒されることなく数十年にわたって命脈を保ちました。そして数十年命脈を保ったことそれ自体が信用となり、変える必要がないことを裏打ちしてき

1　「項羽と劉邦」司馬遼太郎（新潮社）

た──「ぐるぐる回っている」のです。[2]

　用語の鎧を剥ぎ取ってみれば、学校文法は大したことを言っているわけでもいつも正しいわけでもありません。

　証明してみせましょうか。

■

　次は中学校で習う基本的な文法事項です。

think (that) 〜の文

I **think (that)** he is right.
彼は正しいと思う。

①主語＋ think (that) 〜は「〜と思う」という意味。主語＋ know (that)〜なら「〜ということを知っている」。 that 節は目的語の働きをする名詞節（目的節）である。

② that は接続詞であり「〜ということ」という意味である。この that は省略されることが多い。

I'm **afraid (that)** we don't have time.
残念ながら私たちには時間がないと思います。

③ I'm glad（〜してうれしい）、I'm afraid（〜だと心配する/［残念だが］〜だと思う）など形容詞が使われ、 that 節が「感情の原因」を表す使い方もある。

2　消しゴム版画家ナンシー関の名言。「ザ・ベリー・ベスト・オブ『ナンシー関の小耳にはさもう』100」（朝日新聞社）で、芸能人が芸能界での価値向上のために批判的他者を介在させず互いに馴れ合う様子を述べた表現です。世の中に流通する出所不明の権威の実体を上手く言い当てています。

普通の中学生は「think (that) 〜は『〜と思う』、know (that)〜なら『〜ということを知っている』、thatは『〜ということ』で、あってもなくてもよい」と理解した時点で、考えるのを止めるでしょう。そして「that節は目的語の働きをする名詞節（目的節）」「thatは接続詞」については、「何やら理論的で正しくしっかりした内容のようだ」という印象をもつだけに終わるのではないでしょうか。

　誤解です。理論などどこにもありませんし、そもそもまちがっています。

　まずは説明に使われた文法用語を噛み砕いてみましょう。「that節は目的語の働きをする名詞節（目的節）である」において、「目的語」は動詞の後ろに置かれる行為対象のことです。I kicked the ball.（私はそのボールを蹴りました）では、the ball が目的語となります。目的語は行為の対象物ですから the ball、Ken といった「名詞（人・モノを表す品詞）」が標準となります。この形で that節（節：文中で部品として使われる「小さな文」）が動詞の後ろにあることから、「目的語の働き」とし、目的語であることから「名詞節」と述べているのです。
　この説明が誤りであることは簡単に示すことができます。この形で使われる代表的な動詞 think は通常目的語を取らないからです。

(1) ✕ I think Tom.（正しくは think of / about Tom）

　目的語（名詞）が来ることができない場所にある節を「目的語の働き」「名詞の働きをする節」と考えることはできません。[3]
　③の形容詞を使った例も学校文法では「同じ形」として扱われます。

---

[3]　この明らかな破綻をごまかすためでしょうか、目的語を取ることのできる believe（信じる）、know（知っている）を例文で使って説明している文法書も数多くありますが、think はこの形で使われる中心的な動詞。批判は免れません。

つまり形容詞の後ろに「目的節」が置かれていることになります。目的語が「行為の対象物」であることを思い出してください。形容詞の役割は「名詞の修飾」であり、行為を表しません。その形容詞が「目的語」を取るのは定義上不可能です。まるで意味がわかりません。[4]

②の「that は接続詞」も破綻しています。この that を「接続詞（要素をつなげる働きをもつ）」に分類することにとりあえずの異論はありません。しかしこの説明において that 節は目的語。動詞と目的語を that で「つなげる」とするのは一体なぜなのでしょう。目的語に接続詞は必要ないのに。（✗）I like *and him*. などといった文は作ることができないのに、です。

　文法用語の森を旅しても、そこに青い鳥はいません。「むずかしそう」と「正しさ」や「緻密」はまったくの無関係なのです。
　さてこれで、学校文法のレベルを平常心で評価する準備が整いました。さっそく検討を始めましょう。

---

[4]　この問題には、私が知る限り2種類の「解決策」が考案されています。どちらも眉唾ですが。まず「am afraid はまとまって動詞として働く」というもの。am afraid が動詞なら that 節を目的語だと言うことができるというアイデアです。突然品詞転換させてしまう暴力的なアイデアですが、am afraid は動詞ましてや目的語を伴うような行為ではありません。そもそも、am afraid が目的語を取る動詞ならなぜ（✗）am afraid spiders と直接目的語を取ることができないのでしょうか。アウト。
　次の試みは「am afraid の後ろには of が省略されているのだ」とするもの。前置詞は「目的語」を取ることができるので、「その省略だ（I'm afraid <of> that we don't have time. という形を仮定して、of が「省略された」と考えるのです）」と言えば、that 節が晴れて「目的語」となるというアイデアです。これも当然アウト。（✗）I'm afraid of that〜という文は存在しません。「そもそも存在しない形からの省略形」は「省略」ではありませんし、こうした大胆な省略が言語分析で許されるならいかなるうそっぱちも開発可能です。Takeshi is a student. で Takeshi は主語ですが、「of が省略されているんだよ、of Takeshi とは言わないのだけれどね」と言えば、目的語だと主張できるのですから。
　こうした「解決策」が真剣な考慮に値しないのは、この大胆な（当然悪い意味で使っています）操作のどちらもが一般性のない、この形を説明するためだけに持ち出されている代物だからです。「that 節は目的語です」を救うためだけの、その場限りの思いつきにすぎないからです。

5

シンプルであるか・
心理的妥当性はあるか

　まず先の評価基準②③、すなわち「シンプルである」「心理的に妥当である」に照らして、学校文法を検証してみましょう。まず、whatやwhere、whoなど、wh語の扱いを取り上げます。

5-1 wh語の取り扱い

　私たちは中学校でwh語をまず、相手に尋ねるときに使うことば「疑問詞」として学びます。

(a) 疑問詞を使った疑問文
Where does she live?　　*彼女はどこに住んでいるのですか？*
疑問詞

　wh語の用途がこれだけなら問題はありませんが、wh語は「間接疑問文」や「関係詞節修飾」にも使われます。
　まずは、学校文法で「間接疑問文」がどのように扱われているのかを検討しましょう。

> **間接疑問文**
>
> 　Where does she live?のような疑問文は、文の一部として用いられることがあり、「間接疑問文」と呼ばれる。

Where does she live?（元の疑問文）
↓
I don't know **where** <u>she</u> <u>lives</u>. 彼女がどこに住んでいるの
　　　　　　　　S　　V　　か私は知らない。

①疑問詞を含む疑問文を文の一部とする場合は、「疑問詞＋S＋V」（平叙文）の語順となる。

②元の疑問文にあった「？（クエスチョンマーク）」は付けない。

　この規則でも最終的に、I don't know where she lives. という文を正しく作ることはできますが、果たして心理的妥当性はあるのでしょうか。まさか。

「こんなことは誰もしていない」——疑問文を文の中に組み込んで平叙文化するこの操作は、英語ができる人なら誰でも驚くはずです。心理的妥当性は皆無。もちろん「私はやってないから、こんなのダメだ」と言っているわけではありません。この操作は心理的に不可能なのです。

　疑問形には、当たり前のことですが、常に「知りたい・教えて」という話し手の意識が伴います。この操作によると話し手は、「元の疑問文」Where does she live? を思い浮かべた段階では「教えてほしい」と乞い願っており、完成形の段階 I don't know where... では、その願いはどこかに消え失せ、「知りません」と至極冷淡になっていることになります。そんな器用な心の動かし方ができる人は、この世に存在しません。

　まちがいの証明より興味深い話題は、「どうしてこの様な荒唐無稽な操作が許され、教えられ続けたのか」でしょう。メカニカルでかっこいいのかもしれませんし、説明者に黒板をいっぱいに使うカタルシスがあるのかもしれません。本当のところはわかりませんが、私は「wh語に『疑問詞』という用語をあてがったからだ」と考えています。

　一度「wh語は疑問文専用の単語です」と宣言してしまえば、疑問と

は無縁の「間接疑問」であっても、その説明には「疑問文」を持ち出さざるをえません。疑問文を平叙文にするこの操作を組み込んでおけば、「ほぉら、元は疑問文なんですよ♡」と言える、ただそれだけのことであったのではないでしょうか。

「間接疑問文」などという文法項目は必要がありません。wh語を「疑問文」と切り離して、wh語を用いた疑問文を「wh疑問文」、平叙文が後続する節は「wh節」と呼ぶだけでいいのです。

(1) a. **Where** <u>does</u> she live?　　　　　【wh疑問文】
　　　　疑問形

　　b. I don't know **where** <u>she lives</u>.　【wh節】
　　　　　　　　　　　　平叙文

　wh疑問文は疑問形を含み「どこに彼女は住んでいるのですか？」と、相手に尋ねる形。wh節は平叙文を従え疑問の意味を持たない、「彼女がどこに住んでいる（のか知らない）」という文の部品。wh語が使われる節が2種類あるので慣れてください、と言えばシンプルに説明できるのです。

　次に進みましょう。「関係詞節修飾」で使われるwh語の取り扱いです。

関係代名詞

　関係代名詞は文と文とをつなげ、代名詞の代わりをする。

This is <u>the actor</u>.　My father loves **him**.　関係代名詞にして・
　　　　　　　　　　　　　　　　　　　　　　　　　先行詞のすぐ後に
［文と文をつなげる］
This is <u>the actor</u> **who** my father loves.
　名詞（先行詞）　関係代名詞節　これが *私の父が大好きな* *俳優* です。
　　　　　　　　　　　　　　　関係代名詞節　　先行詞

①関係代名詞の節は先行詞を修飾する。

②関係代名詞はthatを使うこともでき (...the actor that my father loves)、省略することもある (the actor _ my father loves)。

③訳すときには「関係代名詞の節→先行詞」の順に訳す。

　おなじみの解説ですが、心理的妥当性はもちろんありません。日本語で言えば、

> これが、私の父が大好きな**俳優**です。
>
> (1)「これが俳優です」と「私の父は彼が大好きです」を用意する。
>
> (2) 後半の文から「彼」を切り取り2つの文をつなげる。

　という説明だからです。私はもうずいぶん長く日本語を使って生きてきましたが、こうした文の作り方をしたことがありません。

　さて、この解説にはさらに大きな問題があります。それは「疑問詞」であったwhoに、まったく別の名称と機能——しかも「代名詞の代わりをし、文をつなげる」といった不自然に複雑な機能——が割り当てられているという点。みなさんはこの説明を初めて耳にした時、「同じ単語にまったく別の機能があるのはおかしいのではないか」と思いませんでしたか？　先生に質問しても「そうなのだから仕方がない」と言われ、残念に思ったあなた。もちろんあなたが正解です。

　wh語whoの機能はひとつだけ。wh疑問文・wh節・関係代名詞節を通じ同じ機能が繰り返し登場しているにすぎません。

　この解説の大きなまちがいは、関係代名詞は「文と文とをつなげる」とした点です。wh語が「なくてもつながる」のが、その何よりの証左です。

(1) This is the actor ~~who~~ my father loves.

　そもそも英語では、修飾関係の維持につなぎ表現は必要ありません。

(2) a. **I met Chris** this morning.
　　 私は今朝、クリスに会いました。

　 b. I had **a feeling** I'd fall in love with Debbie.
　　 デビーに恋するような気がした。

（**太字**：修飾される語句　網掛け：修飾する語句）

　英語では隣接する位置に置けば修飾は成り立ちます。a の this morning は I met Chris に隣接するため、「今朝クリスに会った」と「クリスに会った」を修飾します。b では、名詞 a feeling（感じ・気持ち）を続くフルセンテンス（節）が修飾しています。関係代名詞節修飾も本質的に同じ形です。先行詞の後ろに節が隣接する、それによって修飾が成立しているのです。

　関係代名詞節修飾に他の修飾とちがうところがあるとすれば、それが「空所：□」を介した修飾であることです。

(3) This is **the actor** my father loves □.

　この文の love は「〜が大好き」。その目的語が空所となっており my father loves は「私の父親は□が大好きだ」。その空所と先行詞と組み合わされ「私の父親が大好きな俳優」となっています。先行詞と節が空所を介して組み合わされる、これが関係代名詞節の「原型」です。[5]

　さて、本題です。それでは関係代名詞 who はこの形に何を加えてい

---

[5] 「空所を介して組み合わされる」はずいぶん突飛に感じられるかもしれませんが、英語ではごく基本的なメカニズムです。to 不定詞の例を挙げておきましょう。I have **two hamsters** to look after □.（私には世話をすべき 2 匹のハムスターがいる）では、look after（〜の世話をする）の後ろの空所を介して look after two hamsters という意味関係が了解されています。

るのでしょうか。説明の前に、whoの疑問文中での働きを復習しておきましょう。

(4) **Who** do you like?　　あなたは誰が好きですか？

「あなたは誰が好き」と「好き」の目的語を尋ねていると解釈されるのは、この文が次の形をしているからです。

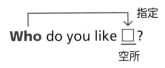

Who do you like □？

　wh語を使った疑問文は「足りない情報を相手に埋めてもらう」タイプの疑問文です。この場合like（〜が好き）の目的語を埋めず、空所にしておくことにより、その情報が欠けていることを示しています。空所があることにより聞き手にそこが疑問のターゲットだとわかる、という仕組みです。wh語の役割は「空所の指定」。疑問のターゲットの種類——人なのかモノなのかなど——を指定しています。この文ではwhoが使われているため「誰が好きなのか」と人を尋ねることになり、What do you like?なら「あなたは何が好きなのですか」とモノを尋ねることになります。
　関係代名詞として用いられている場合も、whoの働きは同じです。

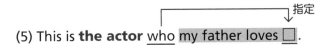

(5) This is **the actor** who my father loves □.

　whoはloveの目的語である空所が「人」であることを指定し、これによりこの空所と組み合わされる先行詞は「人」であることが明示されます。つまりwhoを介してthe actorと空所が紛れなく強固に結びつけられるのです。whoを用いた関係代名詞節修飾が「関係代名詞を用い

ない場合」「thatを用いた場合」よりも、ガッチリとまちがいようもなく結ばれた感触を運ぶことをご存じの方も多いでしょう。whoのもつ機能から当然導き出される語感です。

　学校文法は「シンプルである」という基準を満たしてはいません。単一の機能しかもたないwhoという単語に、「疑問詞」だけでなく「代名詞の代わりをし、文をつなげる」といった不自然な機能を割り当て、学習の負荷を増大させているからです。また「説明的」であるかどうかも大いに疑問です。「なくてもつながる」のはなぜなのか、wh語に２つの機能が割り当てられるならなぜこの2つがwh語に同時に宿っているのか、なぜwhoを置けば修飾の結合力が高まるのか——説明すべきことは山積みです。その説明をすべて放擲し、「文と文をつなげ、代名詞云々」と手前勝手な理屈を繰り返しているから、質問されても「そうなっている」としか答えられないのです。[6]

---

[6]　関係詞節の修飾について、私の説明を聞いても大きな違和感が拭えない人は少なくないでしょう——「そもそもなぜ英語にはこんなに複雑な修飾があるのか」。ですが、それは誤解です。日本語でも同じことが起こっています。先ほど取り上げた文を考えてみましょう。

　　a. これが、私の父が□大好きな俳優です。
　　　　　　　　　　～を

「私の父が大好きな」には私の父が大好きな対象、つまり「～を」がありません。この空所と「俳優」が組み合わされ、「父が俳優を好んでいる」という修飾関係となります。今度は「～が（主語）」に当たる箇所を空所にしてみましょう。

　　b. これが、□私の父を大好きな俳優です。
　　　　　　　～が

aとは意味が変わり「俳優が父を好んでいる」という意味関係になります。日本語も英語と同じ様に空所を手がかりに修飾を行っているのです。
　英語と異なる点は主に2つ。まず、英語には次章で紹介する「説明ルール：説明は後ろに置く」という語順ルールがあるため、空所を含む節は **the actor** (who / that) my father loves □ と「右展開」となります。関係節は先行詞の「説明」であるからです。次に、日本語では「…大好きな**俳優**」と、節の末尾が語形変化を起こし修飾節であることを明らかに示すため、節と名詞の修飾関係がすぐにわかります。一方英語では名詞に節を後続させているにすぎず「結合力」が弱いため、whoやthatなどの要素が工夫される余地が生じているのです。

that の扱い

　関係代名詞には that も使うことができました。that は基本的に「あれ」。距離のあるものに聞き手の注目を導く働きをもっている単語です。その「導く」がこの使い方を生み出しています。

「導く」〜

　　a. This is **the actor** ＿＿ my father loves.
　　b. This is **the actor** that my father loves.

　a の関係代名詞を用いない場合に比べ、b では the actor が後続の修飾節に「しっかりと正確に」導かれています。同じ感覚はその他の that の使い方すべてに共通です。

　　c. I had **a feeling** that I'd fall in love with Debbie.
　　　 デビーに恋するような気がした。　　　　　　　　　　【同格節】
　　d. I **think** that he is right. 【think that〜】
　　　 彼は正しいと思う。

　c は名詞の後ろに節でその説明が行われる「同格節」と呼ばれる形。関係代名詞節のような空所がありませんが、that の働きは同じです。that を用いることによって a feeling がその説明に「しっかりと正確に」結びつけられている感触があります。d の that 節が「目的節」でないことはすでに述べました。この形は think の内容説明を後続の節が行う形です（p.82「リポート文」）。that はここで think をその内容に「しっかりと・正確に」導く意識で用

いられています。thatは「省略されることも多い」などという胡乱な要素ではありません。ネイティブスピーカーは会議など、しっかりした発言が求められる際には意識して多用しています。次の例はフォーマルライティングでthatが多用されている例です。

e. Dear Sir

The opinion **that** you express in your editorial is totally unfounded. You say **that** you have strong evidence to prove **that** you are right, yet you provide very little. This shows clearly **that** your research is shallow. I believe **that** your readers deserve far better than this.

拝啓 貴紙社説でのご意見は全く根拠に欠けています。その意見を支える強い証拠をお持ちと言いながら、具体的提示はほとんど見られません。検討不足の誹りは免れないでしょう。このような社説は、読者の期待を大きく裏切るものであると思います。[7]

また、次のように、「導き」が必要な場面ではthatは圧倒的に好まれます。

f. **I agree** with all the other committee members **that** we should postpone the meeting until next week.

他の委員会メンバーのみなさんと同じように、私はミーティングを来週まで延期することに賛成致します。[8]

---

[7] 「英文法をこわす」（大西泰斗、NHK出版）
[8] 「一億人の英文法」（大西泰斗・ポール・マクベイ、東進ブックス）

g. I think **that** we have spent enough time on this issue, and that we should now put it to the vote.

この件に関しては十分な時間を費やしたと思いますので、今、決を採るべきだと思います。

fはagree（同意する）の内容をthat以下の節が説明している形ですが、agreeと節の間にwith all the other committee membersという長いフレーズがあります。そこでthatを支えとして用い、2者の関係を明瞭にしているのです。gはI think that〜, and (I think) thatの形。we should以下がI thinkにつながることを明らかにするため、thatが用いられています。

さて、学校文法ではこのthatも「指示代名詞」「関係代名詞」「同格節」「think that〜の形」などと次から次へと、脈絡なく機能を付け足されています。wh語とまるで同じことが起こっている。こうした文法が果たして「シンプルである」のかどうかの判断は、読者のみなさんにお任せしましょう。

5-2 時制の一致[9]

英語文を読んで理解するだけではなく、話し、書くための文法はできうる限りシンプルで心理的に妥当である必要があります。特に「話す」ためには、頭の中にコンパクトに納めることができなければなりません

9　このセクションの多くの議論は「英文法をこわす」（大西泰斗、NHK出版）から引用しています。本書はどこかこの本の続編のような気持ちで書いています。

し、心理と操作が直結していなければ反射的に使うことはできません。会話では頭の中の「規則集」を参照している時間はないからです。学校文法が話し書くための支援となりうるのかどうか、「時制の一致」で確かめてみましょう。

時制の一致

①主節動詞が過去の場合には、従属節の動詞も過去となる。

I **think** he **is** right.　　　　私は、彼は正しいと思います。
主節動詞　　従属節

I **thought** he **was** right.　　私は、彼は正しいと思いました。
主節動詞　　　従属節

（時制の一致）

②時制の一致をしなくてもよい場合に「不変の真理」と「現在でも続く習慣」がある。

The teacher **said** that the earth **is** round.（不変の真理）
先生は地球が丸いと言いました。

She **said** she **walks** to school.　　　　（現在も続く習慣）
彼女は学校に歩いて行くと言いました。

③機械的に時制の一致をしてしまう場合（相手の言ったことを確認する）

A: My name is Onishi Hiroto.
B: Oh, sorry. What **did** you say your name **was**?
A: 私の名前はオオニシ・ヒロトです。
B: あ、すみません。お名前は何とおっしゃったのでしょう？

名前が変化しないことを考えれば現在形の方が理に適っているが、did you say が過去形であるため、それに引きずられて過去形になってしまう。

　もう少し詳しく場合分けした文法書もありますが、本質的に同じことを言っており、この簡単な紹介で十分でしょう。さて、私たちはこの解説で時制の一致を会話で使うことができるようになるでしょうか。

　到底不可能です。そもそも、会話の最中に時制の一致をする・しないの判断を「主節が過去なら従属節も過去」といった機械的な規則に照らしながら行うこと自体が問題です。時制の一致の判断は、意識に上らないか、上ったとしてもごくごく短時間に行われるからです。時制の一致は、考えなくてもできる——つまり心理的に自然な作業でなくてはなりません。

　また、②の「時制の一致を適用しなくてもよい場合」は理解不能です。「しなくてもよい」のなら、ネイティブスピーカーたちは、行き当たりバッタリに決めているのでしょうか。しかも、②は③と矛盾しています。「学校に行く」よりも個人の氏名の方がはるかに「不変」であり「現在も続く」はず。同じ条件にもかかわらず、こちらは時制の一致の適用が圧倒的に標準的です。「なってしまう」が暗に意味する、ルーズさや錯誤のせいではありません。

　こうした出来の文法規則でも、学習者が「読む」ことだけを目指しているなら許せる範囲にあるのかもしれません。ですが、目的が「話す」となれば不十分です。

■

　時制の一致が日本人にとって厄介なのは、日本語にはない現象だからです。

(1) a. 私は、彼は<u>正しい</u>と思います。
**　　b. 私は、彼は<u>正しい</u>と思いました。**

　日本語では「思います」でも「思いました」でも「正しい」は変わりません。英語は「正しかったと思いました」ですから、日本人にはハー

ドルが高いのです。

　さあそれではまずなぜ時制の一致が起こるのか、その理由から解説しましょう。時制の一致が問題となるのは、次のパターンの文でした。

(2) I **thought** he **was** right.

　私は動詞句（動詞を中心とする一語、または複数語からなるフレーズ。ここでは thought）の後ろに節が置かれたこの形を「リポート文」と呼んでいます。それは、主語の思考や知識、感情や発言をリポート（聞き手に報告）する形だからです。この形で節は先述した通り、目的語ではありません。動詞句の内容を説明しています。[10]

I **thought** he was right.

（説明）

　この文は「私が思った」と言った後、思った内容を「彼が正しいと、ね」と説明していることになります。つまり、thought が「箱」だとすれば he was right はその「中身」の関係にあるのです。

ここで問題です。
　太郎君は冷蔵庫の隅に「2019-10-20」とずいぶん昔の日付の入った牛乳パックを見つけましたが、飲まずに捨てました。みなさんは太郎君の行為についてどう思いますか？
　──もちろん「当然だ」と思ったはずです。「2019-10-20 と書いてあるのは箱なんだよ。箱は古いかもしれないけど、中身が古いとは限らないさ」と言っても誰も同意はしてくれないでしょう。

10　次章で述べるように、英語には「説明ルール：説明は後ろに置く」という語順則があります。リポート文は動詞句の内容を後ろに置いた節が説明する、説明ルールの代表的な形です。

　時制の一致の心理もこの牛乳パックの例と同じです。箱が過去なら中身も過去。箱であるthoughtが過去なら、当然中身もhe was rightと過去になるはずだ——この自然な類推が、ネイティブスピーカーたちが何も悩まずに時制の一致を適用する心理なのです。時制の一致は「箱と中身」の関係にある次のような文でも自然です。

(3) She only got the job because she **was** beautiful.
彼女はキレイだというだけで仕事を手に入れたのです。

　美しさも名前や習慣と同等に不変ですが、時制の一致を受けています。それはbecause節もまた、主たる文の（理由の）説明として機能しており、「箱と中身」の関係にあるからです。[11]

　ネイティブスピーカーにとって「箱が過去なら中身も過去」は、水が上から下に流れるように当然のこと、だから彼らは反射的な聞き返しで時制の一致を適用させます。

(4) What did you say your date of birth was?
あなたの生年月日はいつだとおっしゃいましたか？

---

[11]　日本語に英語の時制の一致に相当する現象がない理由は明らかです。それは語順がちがうから。英語では説明は常に右に展開します。thought → he was rightのようにまず箱が呈示され中身はその後ろ。一方日本語は「彼は正しい→と思いました」。「箱と中身」の類推がこの語順では働かないのです。

「不変の真理」「現在も続く習慣」でも、時制の一致を行うことに何の問題もありません。

(5) What did the teacher tell you?──Oh, he told me that the earth was round.

先生は君に何を言ったのですか？ ──ああ、地球が丸いって言ったんですよ。

　told me（私に言った）の内容を説明するのですから、中身も当然過去で構わないのです。時制の一致は自然な心理過程に基づく当たり前の現象です。ですから常に適用させてまちがうことはありません。それでは時制の一致が行われないのはどういったケースなのでしょうか。

　それは、話し手が主語の思考や発言をただ「リポートしている」のではない──単純な「箱と中身」の関係を見ていない場合です。次の例を見てみましょう。

(6) Don't you remember I told you that the earth is round?

私が地球は丸いと言ったことを覚えていないのですか？

　この文で話し手は、自分の発言内容を単にリポートしているわけではありません。the earth is round が「今でも成り立っている」ことに、焦点を当てているのです。意訳すれば「『地球は丸いのだ』と教えてあげたのに、覚えていないのですか？」と言っています。単なるリポート以上の意味が加わっているのです。

　「今でも成り立っている」が意識されれば、時制の一致は簡単に破られます。

(7) The front desk informed me that you were / are dissatisfied with your room.

フロントからお部屋にご不満であると連絡を受けましたが。

　フロントから客の苦情を聞いたマネジャーの発言です。もし私がマネジャーなら使うのはare。wereなら単にフロントの発言をリポートしただけのことですがareを置くことにより、「今ご不満なのですね」と客の不満を目の前に置いて発言していることが伝わるからです。ネイティブスピーカーにとって、時制の一致は適用して当然の形。わざと現在形を残すことによって、プラスアルファの意味合いが響くのです。

　時制の一致は、次のようにまとめることができるでしょう。

---

①リポート文の動詞句が過去なら、従属節も過去となるのが標準。
　動詞句が「箱」であり従属節は「中身」だからです。
②話し手が「今でも成り立つ」と意識した場合、時制の一致は破られ節内は現在形のままとなります。

■

　「話すため」を視野に入れるなら、文法はシンプルで心理的に妥当でなくてはなりません。学校文法で学ぶ文法事項の多くは、まちがっているとまでは言えないものの、この基準を満たしていません。最終的に正しい文を生み出す説明ではあっても、ネイティブスピーカーが話す心理とはかけ離れている。だから「話す」を目指す学習者は、常に隔靴掻痒を強いられるのです。[12]

　それでは最後に、英文法の価値を判断する第一の基準、「英語ということばがわかるか」に学校文法を照らしてみましょう。

---

[12]　この事情を私はいつも、$\sqrt{169}$と10＋3で喩えます。どちらも13ですがその計算過程はまったくの別物です。文法説明は、答えだけではなくその過程もネイティブスピーカーの心理過程に寄り添ったものでなくてはなりません。そうした文法に基づいて初めて、彼らと同等の語学力を目指すことができると私は考えています。

6

「英語」が描けているか

6-1 to不定詞の3用法と、学校文法の品詞システム

　英文法のもっとも大切な目標は、その体系を通じて「英語ってそもそもどんなことば？」——英語の全体像——を示すことだと私は思います。英語に限らず全体像のない学習は、完成図を見ずにジグソーパズルをするようなものだからです。この基準においても学校英文法は落第です。

　本書を手に取るような方々はおそらく学生時代、真面目に学校文法に取り組んだことでしょう。そんなみなさんにひとつ質問をさせてください。

　学校文法で「英語というもの」がわかりましたか？

　私にはわかりませんでした。もしわかったと言う方がいたとすれば、天才的な洞察力をもっているか、あるいは単にそう誤解しているだけです。

　学校文法がどういった英語像を描こうとしているかは、学習書をいくら読んでもわかりません。英語の体系は少しも描かれていませんし、書き手もそんなことに熱意はもっていません。体系性を感じさせる、なんだかありがたそうな文法用語は「そもそもどんなことば？」に向かって収斂することなく、本の中を茫洋と漂っているだけです。

　ただ、それでも手がかりはあります。それは「to不定詞の3用法」。一体何のためにこういった解説が必要なのかを考えれば、学校文法がどういった体系を目指しているのかが朧気ながらわかります。

to不定詞の3用法

to 不定詞（to＋動詞原形）には次の用法がある。

【名詞的用法】

a. **To keep fit** is important.

健康を保つのは重要だ。

【形容詞的用法】

b. Playing sport is <u>a fun way</u> **to keep fit**.

スポーツをするのは楽しく健康を保ついい方法だ。

【副詞的用法】

c. I <u>go jogging every morning</u> **to keep fit**.

健康を保つために毎朝ジョギングに行く。

　この文法では「to＋動詞原形」になぜ「名詞（的）」「形容詞（的）」「副詞（的）」と、品詞のラベルを施さなくてはならないのでしょうか。

　それは、おそらくこの文法が品詞に基づくラベリングを基礎にしているからです。どの文法書にも「名詞」や「形容詞」「副詞」などの章立てがあるため、「品詞」は誰にとってもお馴染みの概念ですが、この体系はそれを文作りの基礎に置いています。

　たとえば、I know Tokyo. という文を考えてみましょう。この文は「主語＋動詞＋目的語」という形をしています。「主語」「動詞」「目的語」は文中での語句の機能を示しています。

主語　　　動詞　　　目的語

　ここで次のように、語句の機能と品詞の関係を決めておきましょう。

品詞と、文中での機能との関係
① 「主語」「目的語」には「名詞」が用いられる。
② 「動詞」には「動詞」が用いられる。
③ 「名詞」「名詞以外」の修飾にはそれぞれ、「形容詞」「副詞」
　が用いられる。

さらに、頭の中の「辞書」にいくつかの単語を品詞分類しておきます。

名詞	動詞	形容詞	副詞
Ken I Tokyo dog (s)	have know like	blue busy tall	early always very

　この仕組みによってI know Tokyo. は正しい文だということがわかります。主語・目的語に名詞(I、Tokyo)が使われ、動詞にknowですから。一方、(✗)Dogs know always. といったまちがい文は排除されます。目的語に「副詞(always)」が入っているため、正しい文にはならないことがわかります。

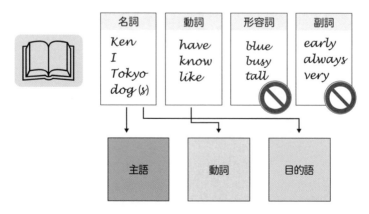

　大きく簡略化しましたが、単語の品詞を頼りに正しい文を作ろう──これが学校文法の核となるアイデアです。

　この文法でto不定詞には3用法があると言わなければならないのは、当然の成り行きです。文に使うことのできる「資格」が品詞ですから、辞書に品詞を書き込んでおかなければ、文作りに参加することができないのです。辞書にto不定詞を「登録」しておけば、主語にも目的語にも形容詞としても副詞としても使えることになり、めでたしめでたしとなります。

　さて、ここでもう一度お伺いしましょう。この体系で「英語というもの」がわかりましたか?──わかるわけがありません。英語ということばのもつ特徴が一切反映されていないからです。同じような品詞による仕組みは日本語など、どのことばであっても構築することができます。逆に言えばこの一見わかりやすい単純なシステムに、英語はどんなことばなのかを描くことはできません。

　私が「英語の体系は少しも描かれていない」「書き手もそんなことに熱意はない」と述べたのは、この品詞システムすら学校文法の中では一貫していないからです。3用法あるのはto不定詞だけではありません。

(1) a. <u>Running in the park</u> is fun.　　　【動名詞・名詞的用法】
　　　公園で走るのは楽しいです。

b. **The boy** <u>running in the park</u> is Ken.

　公園で走っている少年はケンです。　　　【現在分詞・形容詞的用法】

c. I **spent all morning** <u>running in the park</u>.

　午前中ずっと公園で走っていました。　　　【現在分詞・副詞的用法】

　　aは主語だから名詞的用法。bはthe boy（名詞）の修飾であるため形容詞的用法。cは動詞句spent all morningの修飾語句ですから副詞的用法。——要は3用法あるということです。次は節の例。

(2) a. <u>That he was hiding</u> something was obvious to everyone.

　　彼が何かを隠していたのは誰の目にも明らかでした。【文主語・名詞的用法】

b. I heard **a rumor** <u>that you had dumped your boyfriend</u>.

　　あなたが彼を捨てたという噂を聞きました。　　　【形容詞的用法】

c. **I'll love you** <u>as long as I live</u>.　　　　　【副詞的用法】

　　生きている限り君を愛します。

　　aはthat節が主語、つまり名詞的用法です。bはa rumor（名詞）を修飾するため形容詞的用法。cは節as long as I liveがI'll love youを修飾しているので副詞的用法です。ついでに前置詞句の3用法を見てみましょう。

(3) a. <u>Under the table</u> is our cat's favorite sleeping place.

　　テーブルの下が、私たちのネコが寝るお気に入りの　　　【名詞的用法】
　　場所なんです。

b. **The guy** <u>in the red sports car</u> is a famous actor.

　　赤いスポーツカーに乗っている男の人は有名な俳優です。【形容詞的用法】

c. I **put the parcel** <u>on the table</u>.　　　　　【副詞的用法】

　　私は小包を机の上に置いた。

　　aは主語であり名詞的用法。bは名詞the guyを修飾する形容詞的用法。

cは動詞句put the parcelを修飾する副詞的用法。「3用法」はto不定詞に限られた話ではないのです。

どこにでも転がっている「3用法」が、あたかもto不定詞だけに存在するような歪んだ説明を放置し、「動名詞」「現在分詞」「文主語」といった用語をあてがう一貫性のなさを、私は「体系が描かれていない・熱意はない」と言っています。学校文法には一貫した体系も、英語の全体像を示し学習を容易にしようという意図もないのです。

6-2 ラベリング文法が描けない、英語ということば

さて、誰も目指していない学校文法の体系に反論を加えるのも、詮無いことですが、こうした品詞に基づく文法では英語を描けないことを附記しておきましょう。

品詞文法の弱点は「辞書」にあります。表現の品詞があらかじめ整然と決定していることを前提としている——それが英語の性質に反しているのです。

(4) a. She's just **friended** me.

  (SNSで) 彼女はたった今僕を「友達」にしてくれたよ。

 b. Don't **Chris** me —— it's Professor McVay to you.

  僕を「クリス」呼ばわりしないでくれるかな。*君にとっては*「マクベイ*教授*」ですよね。

「辞書」では名詞に分類されているはずのfriend、Chrisが動詞として使われています。なぜこうした使い方が生まれるのか、その原動力はあらかじめ品詞のラベルを貼り付ける文法には説明することができません。

(5) a. Think **different**.

人と異なった考え方をしなさい。

b. Don't get me **wrong**.

私を誤解しないで。

　aのdifferentは、「辞書」では形容詞。この文では副詞が求められるためdifferentは不可、differentlyとならねばならないはず。でもコンピューター会社のCMで実際使われていたことをご存じの方も多いかと思います。また、bのwrongは副詞として使われていますが、品詞は「形容詞」。wrongにはwrongly（まちがって）という立派な副詞がありますが、wrongの方が好まれます。こうした例を辞書は後追いで「differentには副詞の使い方もたまにありますよ」と追記しますが、同じことです。なぜこうしたことが起こるのかを、英語の本質を捉えていない品詞文法では説明ができません。この「なぜ」が英語学習では決定的に重要なのに、です。

■

　さてここまで、学校文法に「学習文法」という観点から検討を加えてきましたが、この文法はシンプルでも合理的でも説明的でもなく、著しく心理的妥当性に欠け、英語の本質を捉えてもいない──それが私の結論です。

　学校文法は「学習文法」として望ましい選択ではありません。ただ、私はそれを喜ばしいことだと思っています。

　英語が話せない原因が文法ではないなら原因は他にあるはずで、それには即効性のある解決策がないかもしれません。でも文法なら、軌道修正は容易だからです。

　さて、本番はここからです。

7
「話せない」に直接つながる順序性の無視

　ここまでお読みいただいて、頭に大きな「？」が浮かんだ方も多いのではないでしょうか。「学校文法が望ましくはないとして、それほど『話す』に関わる大きな欠陥はないのではないか」——その通り。その話はここからです。

　今度は「学習文法」という観点ではなく「日本人が学ぶ」という基準に照らして学校文法を見ていきましょう。学校文法には、そこに大きな欠陥があるのです。

　語順です。

　学校文法では、文の語順がどう成り立っているのかについての説明は非常に限られています。それが日本語を話す私たちにとって、致命的なのです。

日本語と英語の語順は鏡像関係

We met him at a bar in Roppongi：

六本木の　バーで　彼に　会ったよ

　主語を除けば、英語の語順は日本語のそれと鏡に映したような対称（鏡像関係）を作ります。英語で最初に出てくる要素は、日本語の標準では最後となる。これほど大きく語順が異なることばを学習するには、

語順についての深い理解と入念な習熟が必要です。ですが学校文法はそこにほとんど興味を示してはいません――それこそが、この文法の致命傷なのです。

　語順無視の端的な例は否定文の解説に見ることができるでしょう。

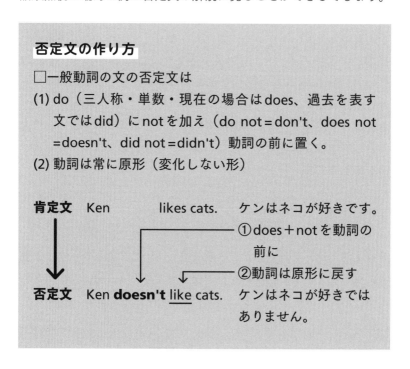

　まず（元の）肯定文を想定し、そこに「do(es)＋not」を加え否定文とする――誰もが学習してきたお馴染みの文法事項です。何かおかしくはありませんか？　完成形が正しいことは認めますが、作り方はまったくの事実無根。証明しましょう。

(1) Ken doesn't like <u>anyone</u>.　　ケンは誰も好きではない。

　この文に関して「元の」肯定文を想定することはできません。anyoneは否定とコンビネーションを作って初めて「誰も好きではない」

という意味を結びます。（✖）Ken likes anyone. は存在しません。従って、元の文から否定文を作り出すこの操作もまた、現実には存在しません。

またネイティブは文の途中で言い淀むことがしばしばありますが、これもまたこの操作が絵空事であるいい証拠になります。

(2) I don't ... er ... like her. 　僕は彼女が、えっと、好きじゃないんだ。

元の文が存在しその後否定文が作られるなら、こんな発言はあり得ません。notが挿入される段階ですべてでき上がっているはずなのですから。ネイティブスピーカーは淡々と語順通り Ken→doesn't→like→cats と作っているのです。

私たちの英語学習は、これまで語順にまったく鈍感でした。たとえば、私たちは「a(n)やthe などの冠詞は名詞につく」と考えがちですが、マーク・ピーターセン氏は著書[13]の中で、こう述べています。

> （前略）I ate a chicken のような場合の思考のプロセスの順番を考えてみれば明らかに理解されると思う。例えば、もし食べたものとして伝えたいものが、1つの形の決まった単位性をもつ物（筆者注：可算名詞のこと）ならば、"I ate a ... a ... a hot dog!"（あるいはa sandwich、a rice ball など）と、a を繰り返しつつ、思い出しながら名詞を探していくことになる。……つまりaというのは、その有無が1つの論理プロセスの根幹となるものであって、名詞につくアクセサリーのようなものではないのである。

I ate hot dog! を思い浮かべてからその可算性・特定性を勘案して遡り、I ate a hot dog! としているわけではないというこの観察が示しているのは、とどのつまり「意識は厳密に語順通り動いている」というこ

---

13 「日本人の英語」（岩波新書）

とであり、ネイティブの英語観としてはごく自然なものです。驚くべきは、「日本人は『名詞→冠詞』と意識しているようだ」と見抜いた氏の慧眼<ruby>慧眼<rt>けいがん</rt></ruby>、そして私たちの語順に対する恐るべき鈍感さでしょう。

　語順軽視は英語に似たことばを話す学習者ならいざしらず、日本人相手に許されることではありません。私たちは「どう並べるのか何もわからない」のです。並べ方すら教えずに英語を話せなどと言う。世間では、これを「無理難題」と言います。

8 学校文法の目的

それではなぜ、学校文法は語順にこだわらないのか。

それは、「話す」が目的ではないからです。

8-1 学校文法が目指したもの

学校文法の目的は何か。すべての文法事項には一様に、その目的に向けた「小さな矢印」があります。先に挙げた文法事項をもう一度眺めてみましょう。

---

think (that)〜の文

I **think (that)** he is right.　*彼は正しいと思う。*

①主語＋think (that) 〜は「〜と思う」という意味。主語＋know (that)〜なら「〜ということを知っている」。（略）

②that は接続詞であり「〜ということ」という意味である。（略）

文法解説が概ねまちがっている、という以外にこの解説には大きな特徴があります。それは、日本語訳を与えることに大きなこだわりがあるということです。②の「that は接続詞であり『〜ということ』という意味である」はthat の「意味」ではなくただの訳例です。「関係代名詞」にも次のような指摘がありました。

　語順を重んじるなら当然、「先行詞→関係代名詞節」の順に文は作られ、理解されなくてはなりません。この説明は語順の逆転をものともせず訳し方を指南しています。この文法の目的。私たちがこの文法を通じて学んだもの。**それは英語ではありません**。英語の「上手な訳し方」なのです。[14]

　「日本人は英語が話せない」は私たちの多くが認める自己評価ですが、同時に「話すことはできないけれど、文法と読解はできる」と考えている人も多いのではないでしょうか。それは事実です。[15] そしてそれは偶然の産物ではありません。訳読を目標にした学校文法を学習したから読解はできるようになった——単純な因果関係があるのです。それならば、

---

[14]　以前より、英語指導者の中にはこの問題に気がついた人が数多くいました。みなさんもおそらく「英語は左から右に書かれているのだから、左から右に理解しなくてはならない」といった指導を受けたことがあるのではないでしょうか。それはその通りです。ですがこの指導は、ほとんど実質的な意味をもっていません。「左から右」はその通りでも、どういった順に並んでいるのか、その説明がなければ学習者はその理念の生かしようがありません。

[15]　日本人の読解能力は高い。私もそう思います。でも同時に「読むのが遅い」という問題も感じています。講演の途中ある程度の長さの文章（むずかしい表現を含まない至って平易な文章です）を読んでいただく実験をしたことがあります。次の文を読んでみてください。

Anyone who knows anything at all about machinery will be quick to tell you that the simpler the machine and the fewer the parts, the fewer things can go wrong.

機械の仕組みについて少しでも知っている人なら誰でも、機械が単純で部品が少ないほど故障は少なくなることをすぐに教えてくれることだろう。(*Entropy a New World View*, Jeremy Rifkin)

　母国語話者なら2-3秒位でしょうか。実際にはもっと長い文章を読んでいただいたわけですが、ネイティブの1/3のスピードが出ていれば御の字といったところでした。私たちの読むスピードは絶望的に遅いのです。語順通りではなく語順が逆転する日本語に翻訳しながら読む、それが読解スピードを著しく落としているのです。

こうも考えることはできないでしょうか。訳読に特化した文法の代わりに、「話す」を目標に置いた文法を構築すれば、当然話すことができるのだと。

　訳読文法を学び、語順など知らない、ましてや練習などしたことがない。そうした状況で「なぜ英語が話せないのだろう」と悩むのは、種を蒔いてもいないのに「なぜこの畑にはスイカが実らないのだろう」と悩むのと同様に愚かなことであると私は思います。できなくて当たり前、できたら奇跡です。

　種を蒔けばいい。やるべきことはただそれだけなのです。[16]

16　そして種を蒔くのは比較的容易です。これまで学校文法に対して厳しい見解を述べてきましたが、文法項目の抽出の仕方や並べ方、語法、学習しやすさへの配慮など、みるべき点も多々あります。学習した時間は決してムダではありません。語順についての知識と練習を重ねることによって、学校文法で学んだ内容は「話すための知識」に変貌を遂げるでしょう。次の章では英語語順の解説を行います。もし、読者諸氏が「文法力はあるのに話すことが出来ない」と悩んでいるとすれば、この章が大きなブレークスルーとなるはずです。

日本語訳至上主義は
日本人のDNAに刻まれている

　訳読スペシャルの文法が、読解力だけが突出した歪な能力分布を作り上げた——それが私の結論です。それではそもそもなぜ日本人は訳読を偏重したのでしょうか。

　訳読偏重は、日本人のDNAに深く刻まれた外国語学習の基本態度であると私は考えています。歴史を辿れば、日本人が外国語学習の必要に迫られたことはこれまでにもありました。私たちは大昔に中国語に出会っています。そのとき、どのようにこの外国語を習得したのでしょうか——漢文訓読法です。

　高校の漢文の授業で出会った、漢字の横にレ点、一二点などの記号や送り仮名を配した奇妙な「文」を覚えておられる方も多いでしょう。あれが漢文訓読法です。記号は原文の中国語を「日本語の語順」に置き換えるために、送り仮名は助詞その他を補い「日本語としてそのまま」読み下すことができるように、加えられています。このやり方で練習すれば——みなさんも体験したように——補助記号がない原文も容易に理解できるようになります。漢文訓読法は「中国語を日本語として」理解するための画期的システムだったのです。

　漢文訓読法は中国語を「読む」ためのシステムであることに注意してください。この学習を繰り返しても中国語を話せるようにはなりません。でもなんら問題はありません。特殊な交易地以外では、中国人と会話しなければならない機会はほとんどなかったでしょうから。

　この訳読を目標とした学習システムが、文化・技術吸収期にあった日本に果たした役割は大きく、その成功体験が日本人の外国語観を支配したことは想像に難くありません。日本

人にとって外国語とは基本的に「読む」ものなのです。そしてその文化的土壌にやってきたのが英語です。この新しい外国語を攻略するために、同じ目標が掲げられ同じ方法論が採られたとしても不思議ではないでしょう。

　学校英文法と漢文の参考書を読み比べてみれば、その類似に驚かされます。

使役構文の作り方

I made <u>my kids</u>
　　　　目的語
clean the room.
動詞原形

子どもたちに部屋を
掃除させた。

(i) make、let、have は使役動詞である。
(ii)「使役動詞＋O（目的語）＋動詞原形」の形で「……に〜させる」という意味。

使役文 17

不レ教三胡馬度二陰山一

胡馬をして陰山を度らしめず
（異民族の馬に陰山を越させない）

① 使・教・令は使役動詞である。
②「使役動詞＋A（名詞）＋B（動詞）」の形で「AをしてBせしむ」と書き下す。「AにBさせる」の意。

17　例文・解説は「田中雄二の漢文早覚え速答法[改訂版]」（学研教育出版）を参考にしています。

「この配列はこう訳せ」──訳し方が「説明」の大部分を占め、その内容もほぼ同じです。英語が話せるようにならないのも同じでしょう。ですが私たちはそれを是としてきたのです。漢籍の知識がつい最近まで知識人のステータスシンボルだったように、「英語など話せなくてもよい、古今の英語文化を読んで学べばいいだけだ」と公言する訳読信奉者──さすがに最近は減りましたが──は特に珍しい存在ではありません。英語は読むことさえできればよかったのです。

日本の英語教育は、歴史的背景の上に醸成された訳読偏重とそれを実現する訳読文法によって形作られてきました。とはいえ、私はそれを批判しているわけではありません。私が少年期を過ごした昭和30〜40年代には街にアメリカ人もイギリス人もいませんでした。英語を話す必要も機会もなく、漢文訓読法が育まれた時代と状況は同じです。私も当時英語教員であれば同じ方法論で教えていたことでしょう。

©kyodonews/amanaimages

　時代が変わった──それだけのことです。「読めればいい」の時代は終わり、今やビジネスパーソンは言うに及ばず、国内サービス業、さらには魚市場で働くある意味もっとも日本的な人々でさえ──「魚に触るな」──話すことのできる英語力を切実に必要としています。

　まず学校文法が変わらねばなりません。訳読法を教えるのではなく、英語そのものを描き、日本語とのちがいを抽出し、話せるようになるための具体的なステップをレイアウトしなければなりません。それができなければ、同じ状況が今後も続きます。いくら英語教育改革が叫ばれようが、新テストを導入しようが同じことです。読むことだけを目標とした自転車工場の看板を「自動車工場」に付け替えても、設備が同じなら出てくるのは自転車だけ。ごくごく当たり前のことでしょう。

第 **2** 章

▼

新しい文法

1

新しい文法

「日本人が英語を話せない」最大の原因は語順の無視にあり、私たちが学ぶ文法は、無理なく英語語順を克服できるものでなくてはなりません。そうした文法は果たして実現可能なのでしょうか。

　——可能です。英語において語順は意味を決定する支配的地位をもっています。そのため語順は日本語に比して自由度が著しく低く、整然と厳密に守られています。語順の原則さえ正しく摑まえることができれば、この上なくシンプルな文法を作り上げることができます。

　まずは英語文で語順がもつ、強大な力を説明しましょう。具体的な語順決定の仕組みの解説はその後となります。

2

英語は配置のことば

英語は日本語と大きく性質を異にする「配置のことば」。文内での位置が意味に直結することばです。

John gave Mary a present.
ジョン<u>は</u>　メアリー<u>に</u>　プレゼント<u>を</u>　あげた

　私たちの母語日本語は語順に大変寛容なことばです。標準的な語順から逸脱しても意味は容易に通じます。上の文を「メアリーにプレゼントをあげたんだ、ジョンは」とすることもできます。それは日本語では「て・に・を・は」（助詞）などにより、表現が文中で与えられた役割が示されるからです。「ジョンは」となっていれば、文の頭に来ようがお尻に来ようが主語だということがわかる、それが語順の寛容さにつながっているのです。

　一方、英語には助詞のような手がかりは一切ありません。上の文でJohnが主語だとわかるのは動詞gaveの前という位置にあるから。置かれた位置、それが表現に役割を与えているのです。

　日本語ではまた、語形変化も品詞を示し文中での役割を示しますが、英語にはそうした目的で行われる語形変化はありません。

---

a. red【名詞】 b. red book【形容詞】 c. burn red【副詞】
赤　　　　　　　赤い本　　　　　　　　　赤く燃える

英語ではredに語形変化はなく、どの品詞で使われてもredです。常に同じ形のredですが、ネイティブスピーカーはその役割を決して誤解しません。それはやはり位置によって意味を知るから。主語や目的語で使われれば「名詞」。名詞に隣接すれば「形容詞」。動詞句に隣接すれば「副詞」といった具合にです。英語文で表現の役割は位置によって与えられる、それが英語で語順が厳密に守られる理由なのです。

3 動詞の位置にあれば それは動詞

　英語において、位置は意味を支配する特権的地位にあります。最終的に語句の意味を決めるのは位置なのです。先に名詞を動詞として扱う例を取り上げました。

(1) a. She's just **friended** me.

　　(SNSで) 彼女はたった今僕を「友達」にしてくれたよ。

b. Don't **Chris** me —— it's Professor McVay to you.

　　僕を「クリス」呼ばわりしないでくれるかな。君にとっては「マクベイ教授」ですよね。

　日本語では名詞を動詞として用いる場合、「お茶する」「ヒマする」など動詞であることを示す語尾「〜する」を用いますが、英語にその必要はありません。動詞の位置に置けば動詞の役割を与えられるからです。

4
主語の位置にあれば
それは主語

　位置で役割が決まるのは、動詞だけではありません。動詞の前、主語も同じです。

(1) **Ken** | loves *natto*.　　ケンは納豆が大好きです。
　　主語 ←|　動詞

　この文でKenが主語だとわかるのは、動詞の前にあるから。典型的な人・モノ（名詞）以外の要素も、この位置に来れば主語となります。

(2) a. **To make friends** is not easy.　　友人を作ることは簡単ではない。
　　b. **Making friends** is not easy.　　　　　　〃
　　c. **That he survived the crash** is a miracle.
　　　　彼があの事故で生き残ったのは奇跡です。
　　d. **Under the doormat** is not the safest place to hide keys.
　　　　ドアマットの下はカギを隠すのにもっとも安全な場所ではない。

　to不定詞(a)、動詞-ing形(b)、(that)節(c)も主語の位置に来れば主語。dの前置詞句も、それほど頻繁に使われるわけではありませんが、主語の位置で使われればやはり主語の役割を与えられます。
　文内の位置が意味を決める、その強さは次のような例にも見ることができます。次の例では形容詞が主語となっています。

(3) *Difficult* is an adjective.
　　*difficult*は形容詞です。

　書きことばでは引用符（" "）や斜字体などを用いて通常の使い方ではないことを明示しますが、口頭で言われても、私たちは「主語なのだから名詞のはず。形容詞ではあり得ない。そうかdifficultという単語のことなんだ」と了解します。主語という位置を見れば、どういった語句でも名詞として解釈しようと全力を尽くす——それが位置の強制力なのです。

　英語は配置のことばであり、表現の最終的役割は文内の位置が決める——これさえ見極めれば後の作業は比較的単純です。配置パターンを同定し、対応する意味を紐付けていけばいいだけです。
　実は、配置パターンはごく少数しかなく、英語語順の学習は思いの外容易です。そしてその事実は、日本人が話すに至る道を煌々と照らしています。

5

基本文型

英語語順の基礎となる配置パターンをご紹介しましょう。言語学的にはさらにコンパクトに洗練することも可能ですが、私たちの目標は「学習文法」です。学習効率を考慮しなるべく既存の学校文法に近い形が望ましいでしょう。基本文型は誰もが学習した「5文型」を踏襲しましょう。

5-1 基本文型

英語文は基本的に「主語＋述語」から成り立っています。日本語と同

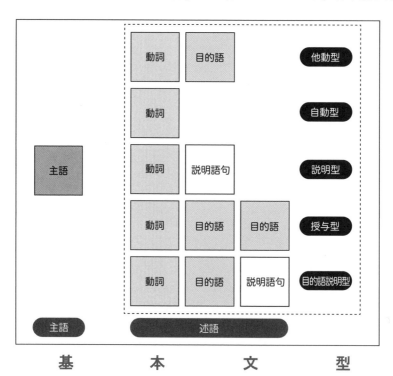

じ「〜は…だ（する）」というパターン。もちろん英語の主語に「は・が」はついていません。主語と述語がただ、並べて配置されているだけです。

　述語内は動詞を中心とする5つのパターンがあり、これを「基本文型」と呼びます。基本文型は文の設計図と呼べるものですが、これまでの学校文法で看過されてきたのは、それぞれに特徴的な意味が付随することです。

　基本文型には、動詞以外には「目的語」「説明語句」の位置しかありません。目的語は「動詞による働きかけの対象」、説明語句は従来の文法では「補語」と呼ばれてきましたが、主語または目的語を「説明する」役割を担うため「説明語句」としています。[18]

　基本文型がもつそれぞれの意味に話を進めましょう。

①他動型

（**太字**：動詞　<u>下線部</u>：目的語を示します）

a. John **kissed** <u>Mary</u>.
　　ジョンはメアリーにキスした。

b. I **have** <u>a sports car</u>.
　　私はスポーツカーをもっています。

他動型
動 目

　他動型は「動詞による働きかけが直接目的語に及ぶ」ことを表す型です。

　aではkissedの働きかけが直接、動作対象Maryに及んでいます。この型はhaveやknowなど所有権や知識が及んでいることも表します。

18　補語という用語は学校文法では一般に「名詞」「形容詞」にのみ用いられますが、それによりbe動詞の後ろや「知覚構文」「使役構文」などに前置詞句・動詞-ing形・to不定詞・動詞原形・過去分詞・節が使われるケースがすべて特別扱いとなります。「説明語句」と用語を変えたのは、こうした欠点を解消する目的もあります。

②自動型

a. He runs fast.

彼は走るのが速い。

b. Look at me.

私を見て。

自動型
動

目的語がないこの型は、直接の行為対象をもたない「単なる動作」を表します。aのfastは修飾語であり、文型には関わりません。またこの型はbのように前置詞などが加わり、その動作が「どこに・どのように」向かっているのかを示すことがしばしばあります。

③説明型

（**網掛け部**：説明語句を示します）

a. She is a firefighter.

彼女は消防士です。

b. You look exhausted.

あなたは疲れているようですね。

説明型
動 説明語句

説明型は「主語の説明」を行う型。be動詞文が典型的な例です。be動詞は「＝」を意味するつなぎことばです。意味が大変希薄な動詞で、そのため短縮形が頻繁に用いられます。aの文は「she=a firefighter」となります。bも説明型ですが、ここでは実質的な意味をもつlookが使われています。こうした文を私は特に「オーバーラッピング」と呼んでいます。「you=exhausted（に見える）」と、動詞の意味が文全体にオーバーラップするように文全体の意味に寄与するからです。

④授与型

a. He gave me a rose.

彼は私にバラを1本くれました。

b. I bought <u>him</u> a T-shirt.
　私は彼にTシャツを買ってあげた。

　授与型は目的語を2つ取り「〜に…をあげる・くれる」を意味する型です。最初の目的語が授与の受け手、次の目的語が授与されるモノを表します。順序を入れ替えることはできません。英語は位置が意味を決めることば。位置を変えると意味が変わってしまいます。

⑤目的語説明型

a. Just call <u>me</u> <u>John</u>.
　ジョンと呼んでくれればいいですよ。

b. I consider <u>him</u> <u>honest</u>.
　私は彼を正直だと思っています。

目的語説明型

　目的語説明型は「目的語の説明」を行う型です。目的語と後続の説明語句の間に「＝」あるいは主語・述語の関係があります。aではcall me（私を呼ぶ）に、私を何と呼ぶのかその説明がJohn。「私をジョンと呼んで」となります。bでは「him=honest」の関係があり、「彼が正直だと思う」となります。

5-2 文全体の意味を決めるのは基本文型

　基本文型についてもっとも重要な事実は、それが文全体の意味を決めるということです。

(1) a. He runs fast. 　*彼は走るのが速い。*

b. He **runs** a restaurant.　　*彼はレストランを経営しています。*

　aは目的語のない自動型。runは単に「走る」という動作を表しています。一方bは他動型。runによる働きかけが直接目的語に及んでいることを表すため「レストランを走らせる→経営する・運営する」となります。

(2) a. He **wrote** me a letter.　　　　*彼は私に手紙を書いてくれました。*
　　b. I'm going to **read** you a poem.　*あなたに詩を読んであげます。*

　型のもつ意味の強制性をこのペアからも見て取ることができるでしょう。授与型はお馴染みのgive（与える）だけに使われるわけではありません。実際のところ、この型で使われると「どの動詞も」授与の意味を帯びることになります。write（書く）、read（読む）といった動詞であってもその例外ではありません。
　ネイティブは文を理解するときに、必ず型の判断を行います。そのため型の判断が一通りでない場合には意味が曖昧になります。

(3) a. I'll **make** you a slimy toad.
　　君にベタベタのカエルを作ってあげます。
　　b. I'll make you a slimy toad.
　　君をベタベタのカエルにしますよ。

　同じ文ですが、授与型(a)であると解釈すれば「カエルを作ってあげる」となり、目的語説明型(b)とすれば「カエルにします」と魔法使いの発言となります。文型が文意を決定することを示す好例でしょう。

文型と動詞との相性

　動詞はあらゆる文型で使うことができるわけではありません。それは文型そのものに意味があるからです。

　動詞がある型で使えるかどうかは、文型自体がもつ意味と、動詞の意味（イメージ：表現のもつ中核的意味）が合致するかどうかにかかっています。[19]

　たとえば、「見る」と訳される単語であっても look は自動型、see は他動型と型が分かれます。look は「目を向ける」という単なる動作であるため自動型と、see は「見える」と対象を視覚が捉えていることを表すため他動型と相性がよくなるのです。

　もうひとつ例を挙げておきましょう。「言う」と訳される tell、speak、say、talk のうち、授与型で使われるのは tell だけ（He **told** me the news. 彼はそのニュースを私に教えてくれた）です。tell のイメージは「メッセージを伝える（渡す）」。「あげる・くれる」を意味する授与型とは非常に相性がいいのです。speak は「音声を出す」、say

---

[19]　表現の「イメージ」については第3章で詳しく解説します。

は「（ことばを）言う」、talk は「おしゃべりをする」。た
とえば「私は〜に…をおしゃべりした(talk)」では意味が
伝わりません。文型のもつ意味に動詞のイメージが対応
できるかどうか、それが相性を作り出しているのです。

　文型の意味を理解し、それぞれの動詞のもつ日本語訳
を超えたイメージを摑むことが、文型と動詞の相性を理
解する大きな助けになるのです。

6

基本文型の拡張

　英語文はほぼ基本文型のどれかに分類することができますが「英語文はもっと複雑なはずだ」と思われる方もいらっしゃるでしょう。おっしゃる通り、英語文はここで紹介した例文よりはるかに複雑になることもあります。ただ、その見た目の「複雑」は無軌道なものではありません。基本文型のそれぞれの位置——主語・目的語・説明語句——を拡張すれば容易に得られる、理に適った「複雑」です。

　主語位置の拡張については先に述べました。英語は「配置のことば」。主語位置にあれば何でも主語の、位置主導のことばだということを思い出しましょう。他の位置も同じです。**指定の位置に置けばどのような表現であってもその役割を与えられます。**この自由度が各部の拡張を大変豊かにするのです。説明型 be 動詞文の「説明語句」の位置を拡張してみましょう。

(1) a. We are happy.　　　　　　　　　　　　　　【形容詞句】
　　　　私たちはしあわせです。

　　b. He's a teacher.　　　　　　　　　　　　　　【名詞句】
　　　　彼は教師です。

　　c. He's here.　　　　　　　　　　　　　　　　【副詞句】
　　　　彼はここにいます。

　　d. The cat is under the sofa.　　　　　　　　　【前置詞句】
　　　　ネコはソファの下にいます。

　　e. Ken is running in the park.　　　　　　　　【動詞 -ing 形】
　　　　ケンは公園で走っています。

　　f. My goal is to find a cure for cancer.　　　　【to 不定詞】
　　　　私の目標はガンの治療法を発見することです。

g. The man was killed in the accident. 　　　　　【過去分詞】

その男の人はその事故で亡くなった。

h. The thing is that I'm too shy. 　　　　　【節（that節）】

問題は私があまりに内気だということなのです。

i. The issue is whether we should support their plan.

問題は私たちが彼らの計画を支持するべきかどうか　【節 (if / whether節)】
ということです。

j. This is where I was born. 　　　　　【wh節】

これが私の生まれた場所です。

（句：1語あるいは複数語からなるフレーズのことです。「〇〇句」は〇〇を中心とした
フレーズ）

　十分複雑になってきたのではないでしょうか。be動詞の後ろで説明
語句として使われるのは、名詞・形容詞だけではありません。前置詞句
や動詞-ing形、節といったひとまとまりの表現（パッケージ）も使う
ことができます。「どういった要素が来るのか」を覚える必要もほとん
どないでしょう。be動詞の後ろは「主語の説明」の位置。どういった
要素を置いても主語の説明として解釈されます。意味が通る限り自由に
配置していい——これが英語ということばのシンプルさなのです。

　さあ、それではこれから基本文型を最大限に拡張していきます。拡張
に用いる各種表現は(1)でほぼすべて出揃っています。これらの表現を
各部に置いて行くだけで、私たちは、原理的にネイティブスピーカーた
ちと同じ豊かさで基本文型を操れることになります。p.67-68で、主だ
った表現の特徴とそれらが基本文型のどこで使われるのかを示します。
そしてその後、それぞれの表現を用いた基本文型の拡張例を紹介しまし
ょう。

	前置詞句	前置詞は位置や方向を表す単語です。「前置詞＋名詞」というひとまとまりを作ります。〈例〉in my room（私の部屋）、behind the curtain（カーテンの後ろ）など。
	-ing 形	動詞に -ing を付けた変化形。studying English（英語を勉強する）など動詞句全体をひとまとまりにします。「～している（ところ）」など、躍動的な行為を描写する形です。
	to 不定詞	「to＋動詞原形」で作る形。to study English（英語を勉強する）など、動詞句全体をひとまとまりにする表現です。to（～へ）のもつイメージ「指し示す（矢印）」から「to 以下の行為に進んで行く」「（これから）～する」というニュアンスをもつことも頻繁にあります。
	動詞原形	目的語説明型の「説明語句」として使われます。study English など、やはり動詞句全体をひとまとまりにする表現です。
	過去分詞	動詞の過去分詞です。「完了（～してしまった）」「受動（～される）」を表します。常に修飾語として働きます。
節	(that) 節	主語・動詞を備えた、文の部品として使われる「小さな文」です。
	if / whether 節	if / whether（～かどうか）が加わった節です。
	wh 節	wh 語で始まる平叙文を従えた節。wh 疑問文としっかり区別します。

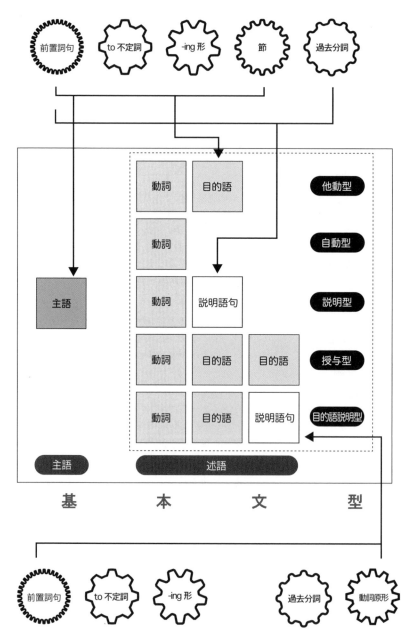

前置詞句　to 不定詞　-ing 形　節　過去分詞

他動型

自動型

説明型

授与型

目的語説明型

動詞　目的語

動詞

動詞　説明語句

動詞　目的語　目的語

動詞　目的語　説明語句

主語

主語　述語

基　本　文　型

前置詞句　to 不定詞　-ing 形　過去分詞　動詞原形

基本文型拡張

A. 主語位置

○ A1. 主語位置のto不定詞と動詞-ing形

a. **To make friends** is not easy.

友人を作ることは簡単ではない。

b. **Making friends** is not easy.　　　〃

　主語位置のto不定詞は「大上段に一般論を持ち出す」感触を伴います。aには校長先生が朝礼で「友達を作るということはぁ」などと述べる様子を想像してください。一方行為の躍動的な描写をイメージとしてもつ動詞-ing形は、具体的な出来事、今起こっている現実を踏まえて使われる強い傾向があります。bは「友達ができない」と泣いて帰ってきた子どもをなぐさめる親の発言にピッタリです。

○ A2. 主語位置の(that)節

That he survived the crash is a miracle.

彼があの事故で生き残ったのは奇跡です。

　(that)節は通常thatを使わないことも頻繁にありますが、この位置では必ずthatを用いてください。節が主語として使われていることを明示し理解を助けます。この形の代わりに The fact that he survived the crash... とする方が口語的です。the factは名詞。主語でもっとも自然なのは単純な名詞だからです。

○ A3. 主語位置のwh節

What you do shows people who you are.

君が何をするのか(君がすること＝行い)は君の人となりを示します。

wh節を主語位置に使うことも可能です。

○ **A4. 主語位置のif / whether節**

Whether you like it isn't important. I'm your boss.

君がそれを好きかどうかは重要ではありません。私が君のボスなのです。

if と whether はどちらも「〜かどうか」を表しますが、whether の方が明確な物言いだという印象を与えます。この単語は他の意味をもたず常に「〜かどうか」を表すからです。主語の位置の「〜かどうか」に if を用いることはできません。if には「もし〜なら」という使い方もあり理解を妨げるからです。

B. 目的語位置

○ **B1. 目的語位置のto不定詞と動詞-ing形(1)**

a. I **like** to play golf with my son.

　　　　　　　　　　　私は息子とゴルフをするのが好きです。

b. I **like** playing golf with my son.　　　　〃

　to不定詞と動詞-ing形の間にはニュアンスの差があります。to不定詞が一般論的な「平たい」言い方であるのに対し動詞-ing形はその場の状況をありありとリアルに想像している感触があります。

○ **B2. 目的語位置のto不定詞と動詞-ing形(2) これから動詞**

a. I **want** to marry her.　　私は彼女と結婚したい。

b. I've **decided** to hire a personal trainer.

　私は個人トレーナーを雇うことにした。

動詞の中にはto不定詞のみを目的語にする（動詞-ing形は不可）ものもあります。want（欲する）、decide（決定する）、promise（約束する）、plan（計画する）などが典型的ですが、これらの動詞は「（これから）〜するのを欲する」など、意味に色濃く「これから」を含む動詞たちです。動詞の「これから」とto不定詞の矢印が生み出す「これから」のニュアンスが強固なコンビネーションを作っているのです。

○ B3. 目的語位置のto不定詞と動詞-ing形 (3) リアリティ動詞

a. It's **stopped** raining!　　　*雨が止んだよ！*

b. We're **considering** starting our own business.
　起業を考えています。

　動詞の中には動詞-ing形のみを目的語にするものもあります。enjoy（楽しむ）やstop（止める）、finish（終える）、consider（考える）、imagine（想像する）などが典型的ですが、こうした動詞はリアルに出来事が起こっていることを感じさせます。具体的な出来事が起こっていなければ「楽しむ」「止める」ことはできません。またconsiderする際には出来事が具体的に想像されるもの。それが行為の躍動的な描写をイメージとしてもつ動詞-ing形と強く結びつくのです。

○ B4. 主語・目的語位置に過去分詞は直接使えない

Nobody **likes being ignored / to be ignored**.
（✗ ignored）
誰も無視されるのは好きではありません。

過去分詞は修飾要素です。そのまま直接主語・目的語にすることはできません。「〜されることが」としたいときには動詞-ing形やto不定詞の形を使います。

C. 目的語の説明語句

○ C1. 説明語句に前置詞句

I saw Mary in the kitchen.

メアリーがキッチンにいるのを見ました。

　目的語説明型は、名詞・形容詞以外にもさまざまな語句を使うことのできる非常にプロダクティブな形です。この例は前置詞句。「Mary=in the kitchenであるのを見た」。

○ C2. 知覚構文：説明語句に動詞-ing形・動詞原形

I saw Mary crossing / cross the street.

メアリーが通りを渡るのを見た。

　seeやhearなど知覚を表す動詞がこの型で動詞-ing形・動詞原形を従えるケースを「知覚構文」と呼ぶことがあります。「〜が…するのを見る・聞く」は日本語同様英語でも、しばしば使われます。動詞-ing形は「〜しているのを見た」とその瞬間を写真のように捉えたニュアンス。一方動詞原形の場合、単に「〜するのを見た」を表します。

○ C3. 使役構文：説明語句に動詞原形

a. What **made** you cry?

何が君を泣かせたの（＝どうして泣いたの）？

b. I'll **have** him call you back.

彼に折り返し電話させますよ。

c. **Let** me try!　　私にやらせてみて。

　使役とは「〜に…させる」ということ。この日本語訳に対応する make、have、let を使った目的語説明型（説明語句は動詞原形）を「使役構文」と呼ぶことがあります。ただそれぞれのニュアンスには大きく開きがあり、make は「強い力で〜させる」、let は「〜するのを許す」。have は動きが感じられない動詞であるため、客が店員に・教師が生徒に・上司が部下に（業務上）など、当たり前に「〜させる・してもらう」を表します。

○ C4. 説明語句に to 不定詞

a. I **asked** him to help me with my homework.

彼に宿題を手伝ってくれるよう頼みました。

b. I **want** you to stay with me.

私はあなたに一緒にいてもらいたいのです。

　目的語説明型では説明語句に to 不定詞を用いることも可能です。to のもつ矢印のイメージにより、「目的語が to 以下の行為に進む」ことを表します。この形は ask のように「押す」動詞に好まれます。頼むことによって目的語を「押し」to 以下の行為に進めるのです。同種の動詞には tell（言う）、order（命じる）、persuade（説得する）など。押す動詞以外の want、expect（期待する）などでも to のニュアンスは同じです。「to 以下の行為に進む」ことを含意し、「してほしい・期待する」となります。

○ C5. 説明語句に過去分詞

I **had** my hair cut yesterday.

私は昨日散髪しました。

　説明語句には過去分詞を使うことも可能です。この場合過去分詞（〜される）により目的語と過去分詞との間に受動関係が生まれます。この文では「my hair が cut（過去分詞：切られる）という状況を have した」ということになります。

　一度に列挙すると「荷が重い」と感じられる方も多いでしょう。ですがお気に入りの文を3〜4個ずつ覚えれば、それぞれの形に十分慣れることができるはずです。

7

修飾語順（説明ルール）

　基本文型とその拡張が終わったところで「修飾」に話を進めましょう。文を内容豊かに、複雑に展開するための必須学習事項です。英語における修飾の語順には2種類あります。まず修飾語を後ろに置くケースを眺めてみましょう。

日本語と英語の語順は鏡像関係

We met him at a bar in Roppongi：

六本木の　バーで　彼に　会ったよ

　この例文で、we met himは他動型。基本文型通りの語順です。では at a bar in Roppongiの位置はどうでしょう。なぜ文末のこの位置が英語では標準なのでしょうか。それは英語修飾には「説明ルール」があるからです。

❗説明ルール
説明は後ろに置く　→
説明

　at a bar in Roppongiはwe met himの場所を「説明する」修飾語句。従って説明ルールにより、その後ろに配置されるのです。またat a bar in Roppongiが（✗）in Roppongi at a barとはならないのも、説明ルールが働いているから。a barの説明としてin Roppongiと述べるのは自然ですが、at a bar はRoppongiの説明にはなり得ません。まとめれば、この文は次の形をしていることになります。英語では説明は後ろ。大切な内容をまず述べ、説明が後続する語順を取るのです。

(1) **We met him** at a bar in Roppongi.

一方、日本語では「六本木のバーで**彼に会いました**」と、修飾語は前に置かれます。このちがいが英語と日本語の語順を逆転させているのです。

説明ルールは「文」と「場所を示す表現」といった特定の組み合わせに留まる規則ではありません。「説明は後ろ」はあらゆる修飾関係に成り立つ汎用規則です。

(2) I'm responsible④　for all new products③
　　　　　targeting international tourists②　visiting Japan①.

日本を訪問している❶　海外旅行者をターゲットとする❷
　　　　　新製品すべてを❸　担当しています❹。

I'm responsible　説明型：be動詞が典型的に取る形
　説明 └→ for all new products
　　　説明 └→ targeting international tourists
　　　　　説明 └→ visiting Japan.

英語と日本語の語順はやはり主語を除き完全に逆転していますが、英語語順は説明ルールの通り、必ず右に説明が展開していきます。まず

am responsible（責任がある）と言い切り、何に責任があるのか、その説明は後回し。for all new productsで責任範囲を展開します。さらにall new productsを動詞-ing形targeting international touristsで説明。さらにinternational touristsをvisiting Japanが説明。説明ルールは英語の語順一般を支配しているのです。

8

同じ意識・同じリズム

「説明ルール」を理解すると、途端に英語がスッキリと見通せるように
なります。次の例はそれぞれ文法上の名称が与えられ、私たちはまった
く異なった項目として学習してきましたが、すべて説明が後ろに置かれ
た説明ルールによる形です。

(1) a. **The money** in my wallet isn't enough to buy lunch.
　　財布の中のお金では、お昼ご飯を買うのに十分では　　　【前置詞句】
　　ありません。

　b. There's **a man** waiting to see you in the lobby.
　　あなたを待っている男性がロビーにいます。　　　　　　【動詞 -ing形】

　c. Can I get **a fork** to eat this with?　　　　　　　【to不定詞】
　　これを食べるフォークをもらえますか？

　d. **The things** stolen from my apartment were not so
　　valuable.　　　　　　　　　　　　　　　　　　　　　【過去分詞】
　　私のアパートから盗まれたものはそれほど価値はありませんでした。

　e. She got **the news** that she passed the test.　　　【同格節】
　　テストに合格したという知らせを受けました。

　f. That's **the man** who stole my bag! Stop him!　【関係詞節】
　　あれが私のバッグを盗んだ男です！　止めて！

　aで話し手はthe moneyと言った後「今財布にあるのはね」と説明。
bでは「男の人がいます」と言い切った後、どんな男性かを「ロビーで
あなたを待っている」と説明。cはa forkをその目的で説明（「これを食
べるやつだよ」）。dはthe thingsを過去分詞で説明（「盗まれた、ね」）。
eはthe newsの内容を節で説明。fもやはりthe manを節で説明。これ

らは、すべて同じリズム・同じ意識で作られる形なのです。

　説明ルールが描く英語の文作りは実に単純です──「大切なことは先に出し・説明は後回しでいい」「説明は自分が使える形の中から状況に合わせて──たとえば同時に起こっている状況なら動詞-ing形など──適切な形式を選んで並べればいい」──ただそれだけです。

語順は体に染みついたリズム

英語と日本語はよほど異なることばです。

That's **the man** who stole my bag! Stop him!

　バッグを盗まれ、交番に駆け込んで事情を話している、まさにそのときに犯人が目の前を通りかかった──そうした状況です。この状況で私たちは反射的に「あれが、バッグを取った男だ！」と叫ぶはず。ですが英語ネイティブは「あれは男だ」とまず叫ぶのです。

　語順は体に染みついたリズムです。語順への習熟なくして楽に英会話などできません。これが、文法学習の中心は語順学習であるべきだと私が考える理由です。

あれが**男**です！！

9

説明ルールの適用

　説明ルールが使われている、主な修飾例を記しておきましょう。名詞の説明に関しては前節(1)でほぼ尽くしているので、それ以外の例を挙げておきます。まずは文の説明から。

①文の説明

a. We are having a meeting on Friday.　　　　　　　　　【時】
　ミーティングは金曜日の予定です。

b. We went camping by the lake.　　　　　　　　　　　【場所】
　湖のほとりにキャンプに行った。

c. She ran out of the classroom with tears streaming down her face.　　　　　　　　　　　　　　　　【付帯状況】
　彼女は涙を流しながら教室から出て行った。

d. A hurricane hit the city, causing untold destruction.
　ハリケーンがその都市を直撃し、言い表せないほどの破壊を　【同時】
　引き起こした。

　まずは文の説明です。「時」や「場所」は前置詞句やyesterday、there などの副詞、when I saw you（私があなたと会ったとき）などの節で表されますが、文末が定位置となります。[20] 文の表す出来事の時や場所を説明するフレーズだからです。

　cはwith（「一緒」を意味します）により同時に起こった出来事（付帯状況）を説明する形ですが、当然文末に配置されます。with内にも

---

[20]　時や場所は強調、あるいは対照を示すために文頭で使われることもしばしばありますが、標準的位置から移動したと考えます。

説明ルールが働いていることに注意しましょう。tearsの後ろに streaming以下が配置され、説明関係が作られています。

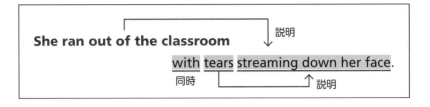

　dのように動詞-ing形で同時進行の出来事を述べる形は特に「分詞構文」と呼ばれることがあります。次のように文頭に動詞-ing形フレーズが置かれることもありますが、通常の文末から移動することによる劇的な効果を狙った、文語的な表現です。

e. Turning around slowly, he saw a huge lioness coming toward him.
彼がゆっくり振り返ると、巨大な雌ライオンが向かってくるのが見えた。

「ちょうど〜していたんですよ、すると……」と、読者に次を読ませるテクニックなのです。

②動詞句の説明(1) 行為の説明

a. Walk quietly.
静かに歩きなさい。

　動作がどのように行われるのかを示す語句も、quietly、with a hammer（金槌で）など副詞や前置詞句や、あるいはas I told you（言った通り）など節で表されますが、説明ルールに従い動詞句の後ろに置かれます。

③動詞句の説明(2) 節(リポート文)

a. I **think** Mary is gorgeous.　　　メアリーは素敵だと思います。

b. He **promised me** he wouldn't leave me.
　　彼は私と別れないと約束してくれた。

c. I'm **afraid** that we don't have enough budget.
　　私たちには十分な予算がないと思います。

　先に話題に上ったI think that〜の形は、動詞句に対する説明修飾です。
aはまずI thinkと言い切り、thinkの内容を後続の節で説明しているの
です。この形は、主語の思考・知識・発言・感情をリポートするため、
「リポート文」と呼ばれます。動詞句の後ろに節を置き、節がその説明
節となります。動詞句（動詞を中心とするフレーズ）とするのは、bの
promised meのように複数語句となる場合、cのam afraidのように
「be＋形容詞」となる場合があるからです。[21]

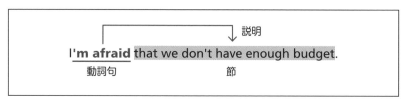

　節は次のようにif / whether節・wh節となることも頻繁にあります。

d. She **asked me** whether / if I had time.
　　彼女は私に時間があるかを尋ねた。

e. I **didn't know** where I could get tickets for the concerts.
　　コンサートのチケットをどこで手に入れることができるか知らなかった。

---

[21]　リポート文は――他の説明ルールに基づく形すべてについて同じことが言えますが――
英語の語順に厳密に沿いながら練習を重ねなくてはなりません。日本語を頼りにすれば、語
順は逆転し実用に供さなくなるからです。③-aのようにまずI think（私は思う）と言い切っ
てしまうことが肝心です。その説明は後ろにゆっくり置いていけばいいのです。

④動詞句の説明⑶ 動詞-ing形で同時に起こっていることを示す

a. I **spent all morning** cleaning up after the party.
パーティの片付けに午前中すべてを費やしました。

b. I **was busy** doing my homework.
宿題をやるのに忙しかったのです。

動詞-ing形は躍動的な行為を描写する形。動詞句の示す行為と同時に起こっていることを示しています。

⑤動詞句の説明⑷ to不定詞を使う

a. I**'m going to Egypt** to do some scuba diving.（目的）
ちょっとスキューバダイビングをしにエジプトに行くつもりです。

b. I **was disappointed** to hear that I didn't pass the exam.
試験に通らなかったという知らせを聞いて落胆しました。（感情の原因）

c. He **grew up** to be a famous architect.（結果）
彼は大きくなって有名な建築家になりました。

d. She **must be rich** to buy a Ferrari.（判断の根拠）
フェラーリを買うなんて彼女はお金持ちにちがいありません。

動詞句をto不定詞で説明する例です。to不定詞句の意味を「目的」などと記しましたが、to不定詞自体にこうした意味があるわけではありません。この位置のto不定詞は動詞句の「説明」であるところから、意味のバリエーションが生まれているのです。「エジプトに行く」と言われたら「何のため？」とその「目的」を尋ねたくなるはず。だからaのto不定詞は「目的」として解釈されるのです。同様に「落胆した」なら「どうして（原因）」(b)、「育った」なら「育ってどうなった（結果）」(c)、「〜にちがいない」と主張されれば「どうしてそう言えるのか（判断の根拠）」(d)がその説明として適切でしょう。

第**2**章 新しい文法

83

「to不定詞の3用法」にさようなら

　基本文型と「説明したければ後ろに置け」の説明ルール。この文法で設定した語順則はこれまでのところそれだけですが、すでにto不定詞やその他の「3用法」を設定する必要がなくなったことを指摘しておきましょう。

a. To make friends is not easy.
　友人を作ることは簡単ではない。

b. I want to marry her.
　私は彼女と結婚したい。

c. Can I get a fork to eat this with?
　これを食べるフォークをもらえますか？

d. I'm going to Egypt to do some scuba diving.
　ちょっとスキューバダイビングをしにエジプトに行くつもりです。

　aでto不定詞は主語の位置にあるため、主語。bは目的語の位置で目的語。cは名詞の後ろにあるのでその説明。dは動詞句の後ろにあるのでその説明。品詞で言えばa-bは「名詞」、cは名詞を修飾する「形容詞」、dは名詞以外を修飾するため「副詞」となりますが、無理に品詞に結びつける必要はありません。
　また従来動詞-ing形に与えられた「動名詞」「現在分詞」という区分も必要ありません。動詞-ing形が主語位置にあれば主語。目的語位置にあるなら目的語。名詞に隣接するならその説明。動詞句や文の後ろならその説明。文内の場所がその働きを明確に示すため、「名詞の働きをする動詞-ing形は動名詞」「修飾の働きをする動詞-ing形は分詞」と区別する必要はありません。

　この文法では位置が働きを決めるため、こうした語句にあらかじめ品詞を与えておく必要はないのです。

英語のロジック ―結論は最初に述べる―

　英語ライティングでよく行われる指導「結論は最初に、理由は後ろに」をご存じでしょうか。次の例に見るように、英語では確かにその順が支配的であり自然です。

(1) **The effects of global warming on the environment could be disastrous.** As glaciers melt, the sea level will rise causing massive flooding. Droughts will also become far more common leading to extensive desertification. Diseases such as malaria will become more widespread. All of these effects could put millions of lives at risk, not to mention the threat to flora and fauna. Global warming is a serious problem which must be addressed immediately, before it is too late.

地球温暖化の環境に対する影響は壊滅的なものになりうる。氷河が溶け出すにつれ海面は上昇し巨大な洪水を引き起こすだろうし、干ばつも現在よりもはるかに頻発し広範囲な砂漠化をもたらすだろう。マラリアのような疫病もより広範囲に広がることだろう。温暖化が引き起こすこうした現象は、動植物は言うに及ばず何百万もの人間の生命を危機にさらすことになるかもしれない。地球温暖化は手遅れにならないうちにすぐにでも対処しなくてはなら

ない、重大な問題なのである。

　とはいっても、こうした順が英語で好まれるのは、巷でよく言われる「そちらの方が論理的」「聞き手に理解しやすい」という理由ではありません。

①日本語的な流れ　　　A、B、C、D　→　E
　　　　　　　　　　　例・証左など（だから）結論
②英語的な流れ　　　　E　←　A、B、C、D
　　　　　　　　　　　結論（というのは）例・証左など

　結論が最後にくる日本的な論旨展開と英語のそれとの間に、論理性の優劣は一切ありません。→が反転しただけのことですから、考えるまでもないでしょう。また、理解のしやすさも個人の好み程度の問題です。私には①の展開の方が収まりよく感じられます。①と②に客観的優劣はないのです。ではなぜ②は英語話者にとって自然に感じられるのでしょうか。
　その理由は「説明ルール」にあると私は考えています。英語文は、主要な要素を前に・その説明は後ろにというリズムをもっています。接続詞で文をつなぐ場合にもこの基本は変わることはありません。主たる主張を説明する、時や理由を表すフレーズは後ろに加えられるのが自然です。

(2) **I respect my parents** <u>because</u> they work hard for
　the family.
　　家族のために一生懸命働いてくれるので両親を尊敬しています。

こうした「主要な要素→説明」のクセを強くもつ英語が、まとまった長い論旨を述べるとき同じ流れを取ることは想像に難くありません。[22]

　文内の小さな単位に見られる説明のリズムが、文同士、さらには文章といった大きな単位でも繰り返し使われているのです。

22　この点に関しては、日本語の修飾が真逆の方向性をもち、逆の文章構成を好むことも参考になるでしょう。

10

修飾語順（指定ルール）

英語修飾に関わるもうひとつの語順則「指定ルール」を紹介しましょう。こちらは前置きの修飾を支配する汎用規則です。

❗ 指定ルール
指定は前に置く

前に置いた修飾語句は、後ろの語句の種類やレベルなどを「指定する」という単純な規則です。

この規則のもっとも単純な例をいくつか考えてみましょう。まずは形容詞と名詞のコンビネーション。

(1) Bring me a red tie. 　赤いネクタイを持ってきてください。

この文で形容詞redはなぜ名詞tieを前から修飾するのでしょうか。「指定ルール」が働いているからだ、と私は考えています。redはどういったtieを求めているのか——tieの種類を「指定」しています。「青でも茶でもない、『赤いネクタイ』」という指定です。[23] この文には限定

---

[23] 形容詞は常に名詞を前から修飾するわけではありません。everyone、somebody、anything、nothing など、-one / -body / -thing で終わる名詞への修飾は形容詞を含め常に後ろ置きとなります。a. I've tried **everything** *possible*.（できることはすべてやっています）。b. There's **nothing** *to eat*.（何も食べるものがない）。これらの名詞が前から修飾できないのは「指定ができないから」。everything は「すべて」。anybody は「誰でも」。something は「何か」。その中に「部分」はなく細かく指定することはできません。どういった「すべて・誰でも・何か」なのかを「説明する」ことしかできず常に修飾は後ろ置きになるのです。

詞と名詞のコンビネーションもあります。

(2) Bring me a **red tie**.　　赤いネクタイを持ってきてください。

　a、the、some、any などの限定詞は、必ず名詞の前に使われます。ここでも名詞red tie（赤いネクタイ）の前に置かれていますが、それはどうしてなのでしょうか。やはり指定ルールが働いているのです。a は「特定のモノではなく、他にもあるうちのひとつ」という指定を行う単語です。限定詞はすべてこうした指定を行うため、一様に名詞の前に配置されるのです。

11

同じ意識・同じリズム

さて「指定ルール」は説明ルールと同様に、私たちにこの上もなくスッキリとした英語理解をもたらしてくれます。次の文は、すべて同じ種類の修飾であり、同じ指定の意識で作られていることがわかるからです。

(1) a. He is very tall.　　　　　　　　　　　　　　【強意副詞】
　　　彼はとても背が高い。

　　b. He always gets up around seven.　　　　　　【頻度副詞】
　　　彼はいつも7時頃に起きます。

　　c. He may be ill.　　　　　　　　　　　　　　　【助動詞】
　　　彼は病気かもしれません。

　　d. I don't like cats.　　　　　　　　　　　　　　【否定】
　　　私はネコが好きではありません。

　　e. As far as I know, John is the only one with a key to
　　　the safe.　　　　　　　　　　　　　　　　　【話し手の態度】
　　　私が知る限り、金庫のカギをもってるのはジョンだけです。

　aのvery など、強意副詞は形容詞の後ろで使われることはありません。(✗) tall veryはもちろん不可。それはこうした表現は「程度レベル」を指定するからです。very tall は、単に「背が高い」ではなく「とても（レベルで）背が高い」とその程度を指定しています。

　bのalwaysのような頻度副詞は一般動詞の文の場合その直前が定位置ですが、それは動詞句で表された行為の「頻度レベル」を指定するからです。always gets up around seven は、単に「7時頃に起きる」ではなく、「いつも（レベルの頻度で）7時頃に起きる」と、頻度を指定しています。

さてここまでの表現は、日本語と同じ語順であるため私たちにも違和感がなく使えますが、**c**の助動詞はどうでしょうか。

助動詞は動詞の前に置かれ、**c**は「彼は──かもしれない──病気です」の語順となっています。日本語とまるで異なる語順。でも英語では当然の語順です。助動詞は話し手の心理を表す表現。動詞以降の内容が、事実ではなく心理内の話であると指定するからです。He may be ill. においてmayはbe illが話し手の「かもしれないワールド」の中での話であるとの指定。当然指定ルールによって前置きとなるのです。

dの否定も同じです。「否定的内容である」と指定するためnotは前置きとなります。英語では否定表現は前置きが標準となります。

「話し手の態度」を表す表現**e**にはTo tell the truth〜（本当のことを言うと〜）、Frankly speaking〜（率直に言って〜）、Fortunately〜（幸運にも〜）などさまざまな決まり文句がありますが、すべて前置きを基本とします。それはそれ以降の内容を指定する働きをもっているから。**e**のJohn以下を話し手は事実として述べてはいません。あくまでも「私の知る限り」の話であると、その範囲を限定しているのです。

さて、「指定ルール」の重要な例にはもうひとつ、「時表現」もあります。英語では動詞を述べる前にすでに時が決定しています。動詞を述べる前に「時」が頭に浮かぶからこそ、動詞の形をあらかじめ変えて過去や現在を示すことができるのです。時表現は──もちろん──動詞句が表す動作や状態を「時を指定する」表現。そのため指定ルールにより前置きになっているのです。

> **f. I swim** at the gym three times a week.
> *私は週3回ジムで泳ぎます。*
>
> **g. I've lived** in Japan for 17 years.
> *私は日本に17年間住んでいます。*

「現在の習慣を述べる(f)」「過去からの継続を述べる(g)」ことは動詞選

定の前に決定します。「泳ぎます」「住んでいます」と時の指定を最後に行う日本語と、指定ルールのある英語とは大きく語順が異なるのです。

　さて、語順の話はこれで終わりです。先に述べた「基本文型」と「説明ルール」そしてこの「指定ルール」に、表現配置の基本はすべて網羅されています。これら単純なパターンとルールへの習熟により、私たちは日本語と英語の語順のちがいを乗り越え、ネイティブスピーカーたちと同じ語順感覚で文を作れるようになります。

前置き・後ろ置きでは意味が異なる

　英語は配置のことば。表現が文中の場所によって機能を与えられることばです。次の文を比べてみましょう。

a. Seriously, **I didn't practice English**.
　真面目な話、私は英語を練習しませんでした。
b. I didn't **practice English** seriously.
　私は英語を真剣に練習しなかった。

　a は指定の位置。文頭に置かれ「これは真面目な話なんですが」と文全体の内容を指定しています。一方 b の seriously は動詞句 practice English の後ろに置かれ、説明ルールにより、「真面目に英語を練習した（わけではなかった）」となっているのです。
　英語は、位置が意味を作るのです。

語数によって配置は変わるか？

　ここで語順に対する有名な誤解をひとつ、解いておきましょう。「名詞を修飾する分詞（動詞-ing形・過去分詞）は、それ1語なら前から、他の語句を伴うなら後ろから修飾する」です。

a. It's difficult to soothe a crying **baby**.
　泣いている赤ん坊を宥めるのは大変です。

b. There was **a baby** crying during the entire flight.
　フライト中ずっと泣いている赤ん坊がいたよ。

　このルールによれば、aではcrying 1語がbabyを修飾しているため前置きが可能。そしてbではcrying during the entire flightは複数語であるため名詞の後ろに置かれている、というわけです。「語数による配置変更がある」というまちがった理解を招きかねない解説ですのでコメントをしておきましょう。

　前置き、後ろ置きは——もちろん——常に意味によって決められています。aとbのような短い一文の比較ではわかりづらいのですが、文章に埋め込んでみれば「意味」のちがいは明らかです。

c. Last week, a thief broke into our house. Fortunately, **the things** stolen were not so valuable. We made a list and gave it to the police. They are now looking for the stolen **things**.

　先週私たちの家に泥棒が入りました。幸運なことに盗まれたものはそれほど高価ではありませんでした。私たちはリストを作り警

察に提出しました。警察は現在盗まれたものを捜しています。

the things **stolen**（後ろ置き）、the **stolen** things（前置き）と、2つのstolen（盗まれた：過去分詞）を含むフレーズが置かれていますが、意味するところは異なります。the things stolen には、説明ルールによって「モノ——盗まれたものなのだけれど」と「ものが盗まれた」という出来事を織り込んでいます。だからこそ読み手は「ものが盗まれたのだな、そしてそれは価値の高いものではなかったのだ」と、この状況を自然に理解できるのです。一方the stolen thingsで、stolen は指定ルールにより「種類」を指定します。単なる「モノ」ではなく「盗品」。a red tie（赤いネクタイ）と同じように、この表現に出来事は織り込まれていません。単に「その盗品を捜しているのです」ということになります。

　前に置けばあくまで「（種類などの）指定」、後ろに置けばあくまで「説明」です。動詞-ing形も同じです。aのcrying baby は——細かく言えば——「泣いている赤ちゃん」と、そうしたタイプのbaby を指しています。bのa baby crying... は「赤ちゃんがいて、その赤ちゃんは泣いていたのだけれど」と、赤ちゃんの状態を説明しているのです。同じように、

d. Barking **dogs** seldom bite.
　　吠える犬は滅多に噛まない。
e. **The dog** barking is Ken's.
　　吠えている犬はケンが飼っている犬です。

　dのbarkingはdogsの指定。「吠えている（タイプの）犬は」ということ。一方eのthe dog barkingは「その犬は——吠えているのだけれど……」とthe dogの状態を説明しています。

　ついでに、しばしば見られる「形容詞に他の語句がついて2語以上の語群となると、名詞を後ろから修飾する」という豆知識についてもコメントしておきましょう。

f. the red **basket** full of candies.

　こちらも「前置き」「後ろ置き」は、語数ではなく意味によって区別されています。前置きのredはbasket（バスケット）のタイプを「赤いバスケット」と指定。full of candiesが後ろに置かれているのは「2語以上の語群」になったからではありません。「the red basketは——キャンディでいっぱいなのだけれど……」と、その状態を説明しているため後ろに置かれているのです。
　英語は配置のことば。位置が意味の基点となることばです。語数を勘定しながらほいほい配置を換えることなどありません。

12

第2章 まとめ

　この章では、「英語は配置のことば」、この事実を中心に「話す」を視野に入れた新しい文法の形を概略してきました。

　この文法は「文中の場所が機能を与える」という考え方を中心に据えた、位置情報を基本とする文法です。「〜用法」など品詞の「登録」を行うためだけの無駄な用語・仕組みは排除され、「基本文型」と「説明ルール」「指定ルール」という単純な語順則で文のパターンを作り出します。学習者が「決まった場所」にお好みの表現を放り込むだけで、それらの表現は適切な意味を与えられ文は躍動を始めます。

　この文法では、すべての主要な文法事項は語順に沿って一列に並んでおり、学習者は「左から右へ」ネイティブスピーカーたちと同じ語順感覚で文を作り・理解することができるようになります。これで、私たち日本人が英語を「話す」ための素地が固まることになります。

　また、この文法のもつ単純さから、文法学習を「少数の文への習熟」という機械的ドリル学習に置き換えることもできます。先に示したように基本文型にしても、説明・指定ルールにしても、バリエーションはそれほど多くありません。たとえば主語位置の主要バリエーションは、①名詞②前置詞句③動詞-ing形④to不定詞⑤that節⑥if / whether節⑦wh節のみ。7パターンに習熟すれば、ただちにネイティブと同じバリエーションで文を使えることになります。

　複雑な文法に苦しみながら英語を学習する時代は、これで終わったのです。

第3章

▼

イメージ

1〜2章では、私たち日本人が英語を話せない原因は、訳読を偏重する私たちの歴史的・文化的なクセと、それに寄り添ってきた訳読に特化した英文法にあることを示しました。

　実は、訳読偏重の悪しきクセは英文法だけでなく表現学習にも及んでおり、私たちが話せない大きな原因となっています。私たちは表現学習の中心を日本語訳から「イメージ」にシフトしなければなりません。

1

「イメージ」という
考え方

　英文法と同じように、私たちの表現（単語）学習もまた、訳読に特化していると言えるでしょう。学習者の単語学習は通常「日本語訳の暗記」に留まっています。大学受験が読解やリスニング問題を中心に構成され、日本語訳で大筋を摑めればクリアできることを考えれば無理からぬことと言えますが、英語を「話す・書く」にはまったく十分ではありません。私自身、日本語訳の丸暗記で大学受験を乗り越えましたが、大学入学後外国人と話さなくてはならなくなったとき、「自分は何も知らないのだな」と思い知らされることになりました。日本語訳しか頭に浮かばない単語力では、会話も文を書くことも満足にはできません。

　この章では、日本語訳だけで学んだ単語力の弱点を指摘し、それを克服するために「イメージ」の理解をお勧めします。各論に進む前にどういった弱点があるのか、かいつまんでお話ししておきましょう。

　単語の意味は、文内での使い方に深く関わっています。discuss（〜について議論する）やmarry（〜と結婚する）といった動詞について「他動詞であり前置詞about、withは必要ない」などと覚えた方も多い

でしょう。こうした情報はそれぞれの単語の意味を深く理解すれば必要のないものです。日本語訳しか知らないから、煩雑な使い方を覚えなくてはなりません。

　日本語訳ではまた、単語のもつ豊かな表現力を手にすることはできません。たとえばfineという単語は、すぐに思いつくものに限っても次の日本語訳と対応します。

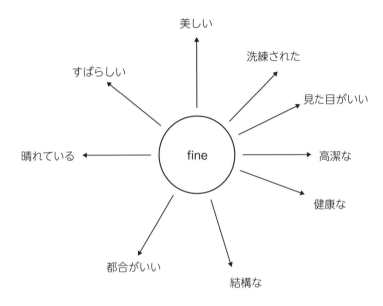

　日本語訳でこの単語の表現力を手に入れようとすれば、これらの訳語すべてを覚えなくてはなりませんが、現実的な話でないことはすぐにわかるはずです。

　さらに、日本語訳では適切な単語を選択できないということも挙げられるでしょう。複数の語が同じ訳になることは間々あるからです。「賢い」という訳をもつ単語は smart、clever、wise、intelligent などがありますが、訳語だけ使い分けることはできません。

　対応する日本語訳がない単語も数多くあるということも大きな問題です。英語は日本語訳できるように作られているわけではありません。「常にピッタリの表現がある」と考える方が無理筋というものです。こ

うした単語は数多くありますが、重要なものにwill、it、everなど日常頻繁に使われるものもあります。

　日本語訳だけによる単語（表現）学習には低い限界があるのです。

　こうした弱点を克服するために、25年ほど前から私は「イメージ」という呼称を用いて単語の意味を記述する作業を始めました。[24] この呼称は多くの書き手によって用いられすでに一般的な呼称となっていますが、私が意図したのは、何よりも「意味」と「日本語訳」の峻別です――意味は日本語訳をはるかに超えています。ネイティブスピーカーたちがその単語を用いるときに感じるニュアンス・感覚に寄り添い他の単語と分けること、そして数多くの日本語訳に対応する単語なら、そのすべてを引き出せる中心的な意味を記述すること――それがイメージによる記述です。簡単に言えば「この単語はこういうこと」というクリアな「像（イメージ）」を与え、単語のもつさまざまな意味をそこから派生させるという説明方式です。ネイティブスピーカーたちが自然に行っている発想――そこに至って初めて単語は自分のものになるのだと、私は考えています。

鋼鉄の腿肉：文の形・表現の意味

　私は英語には硬く揺るがぬ部分と、柔軟性に富んだ部分があるように感じています。冗談半分で「英語は鋼鉄の腿肉」と言うこともあるのですが、英語には私たちの自由な発想が届かず変えることができず意識もしない不変不動の部分と、私たちの感じ方・経験に柔軟に対応する部分があるように考

24　「ネイティブスピーカーの前置詞」（研究社）

えています。それを表すのが「鋼鉄の腿肉」——不変の鋼鉄製で単純な動きしか許容しない骨格とそのまわりにある有機的で人間的な肉付けです。

　言うまでもなく「鋼鉄」の骨組みは語順であり、文の形です。いかなる文才をもってしても、授与型の2つの目的語を入れ替えることもできなければ、意味するところを変更することもできません。新しい基本文型を作り出して、特殊な意味を割り当てることもできません。一方、それにまとわりついた「肉」は、単語（表現）です。こちらは人々の経験や感じ方で大きく変わります。

　この章で扱うのは、表現のイメージです。鋼鉄の骨格は単純な動きしか許されませんが、表現は千変万化です。世相や感じ方を飲み込みながらあらゆる方向に触手を伸ばします。ただ、長年イメージと格闘していると、そこにはやはり一定の理路があることがわかります。「人間だからこう感じるはずだ」が指し示す先に、新しい使い方が転がっているのです。そしてその理路は英語も日本語も大きく変わるところはありません。

　文の形の習得が、有無を言わさぬ規則への習熟であるなら、表現のマスターは私たちに備わった感覚や想像力を使いながらの楽しい旅だと言えるでしょう。これまでは理詰めの話に終始しましたが、これから先は、気楽で楽しい内容です。私も楽しみながら稿を進めていこうと思っています。

2
日本語訳だけの理解では正しく使えない

2-1 arriveとreach、explain、discuss、marry

第2章でlook-see、tell-say-speak-talkといった、似通った日本語訳となる動詞を例に取り、文型と動詞の相性の話をしました。文型固有の意味と動詞のイメージが合致する必要があるという内容でしたが、それは同時に、日本語訳だけの知識では不自然な文を作ってしまう可能性があることを意味します。こうした例は数多くあります。

(1) a. **I reached** Shibuya Station.
渋谷駅に着きました。
b. **I arrived at** Shibuya Station.
渋谷駅に着きました。

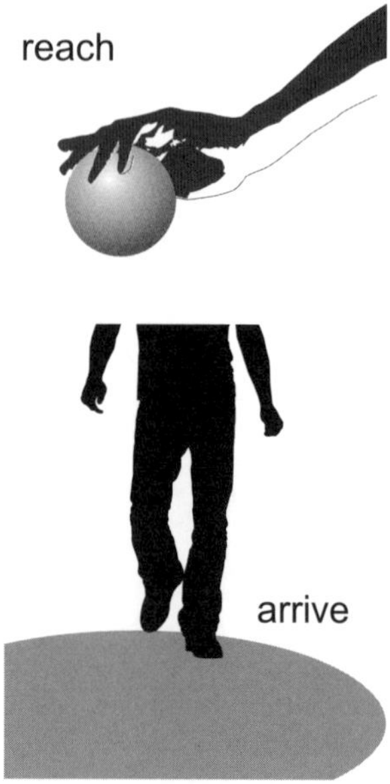

reachは目的語を取る他動型、arriveは自動型で使われます。もちろんそれぞれの動詞イメージと使い方は完全にマッチしており、ネイティブスピーカーならまちがうことなく使い分けますが、「到着する」という日本語訳だけを覚えていてもそれがわからないはずです。

reachは「手を伸ばして掴む」という対象に直接及ぶ動作、ボクサーの「リーチ」を考えれば手に入るイメージです。目的地に手を伸ばして掴みます。arriveは一方、「足を踏み入れる」という単なる行為。従

って自動型で使われ、場所には「どこでその行為が行われたのか」を示すat Shibuya Stationなどが使われるということになります。

　頻繁に見られるdiscuss（議論する）、explain（説明する）の後ろにaboutを使ってしまう誤用も、訳だけで単語を理解しているところから生じています。

(2) a. We **discussed** (✕ about) the plan.
　　　私たちはその計画について話し合いました。

　 b. He **explained** (✕ about) the plan.
　　　彼はその計画について説明した。

　discussはattack（襲う）に近いイメージをもっています。対象に力を加え・揺り動かして検討する。だから他動型が自然な動詞なのです。explainは「plain（平ら）にする」。複雑に入り組んだ地形を「平ら」にして見やすくする、そうしたイメージの動詞。力の直接の行使を意味する他動型を取ることに何の不思議もありません。同様のまちがいやすい動詞にmarry（結婚する）もあります。withを付けることはできません。

(3) My daughter **married** (✕ with) a British guy.
　　私の娘はイギリス人と結婚した。

　日本語の「結婚する」は、「～と結婚する」と使いますが、marryは

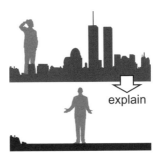

他動型で使います。marryは法的な手続きを必要とするにせよ、基本的に誰かを「手に入れる」ということ。getが他動型なのと同じようにこの単語も他動型になるのです。

2-2 appreciate、insist

イメージとは「これなら使える」と思えるクリアな単語「像」のこと。日本語訳ではここまで到達できない単語は数多くあります。appreciate（感謝する）とinsist（強く主張する）をご紹介しましょう。

(1) レストランの会計で……

　A: Let's share the bill this time, OK?
　B: **I appreciate that, but I insist.**
　A: Well, the next dinner is definitely on me.
　A:今回は割り勘にしましょうよ、いいでしょう？
　B:ありがとう。でも今回は私が。
　A:それなら次は絶対私が払うわね。

appreciateは「感謝する」。お馴染みのthankよりも一段と深い感謝を表しますが、この2つは使い方が異なります。「感謝する」ではこのちがいにまで届きません。

thank

appreciate

行為
申し出

　thank は Thank you. など、「人」が目的語ですが、appreciate は左の会話のように相手の申し出・行動などが目的語となります。それは thank が「感謝の気持ちで（相手を）心に浮かべる」のに対し、appreciate の「感謝します」は「評価する（良さ・価値を認識する）」から生まれているからです。「高く評価する→感謝する」となるため、目的語は相手の発言・行動となるというわけなのです。[25]

　次に insist を考えてみましょう。「強く主張する」から、この相手の申し出を固辞するこうした状況で使えるかどうか——私なら使えません。

　insist は「in（上に）＋ sist（立つ）」。自分の考えの上に立って「そこから絶対出て行きません」という頑固さを表す単語です。「（私が払うことについては）妥協しませんよ、ええしませんとも」と絶対折れない、そうしたニュアンスをもつからこそ、こうした状況で使われるのです。この説明でみなさんの頭には、明瞭な insist の像（イメージ）が浮かんだはず。このイメージなら自信をもってこの単語を会話で使うことができるはずです。[26]

妥協しません！！

insist

---

[25]　appreciate は「人」を目的語に取らないわけではありません。「評価する」なら、当然、使えます。My husband doesn't *appreciate* me.（私の夫は私の価値をわかってくれない）。

[26]　insist の定訳のひとつ「言い張る」はそれほど悪くはありませんが、この訳でも insist のクリアな理解には届かないでしょう。日本語訳、特に辞書の説明は書き手の立場から眺めると非常に不自由です。insist は動詞ですから訳語を日本語の動詞から探さなくてはなりません。ピッタリの日本語動詞がなくても甘んじなければならないのです。こうした長々とした解説が必要な所以（ゆえん）です。

3

多数の日本語訳を
覚えなければならない

日本語訳による単語学習の弱点、次のポイントに進みましょう。

日常頻繁に使われる単語は、複数の（しばしば数多くの）日本語訳に対応します。こうした単語では、複数の・無数の訳を覚えなくてはならなくなります。

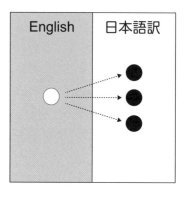

3-1 relieve-relief

まずは比較的単純な例から始めましょう。relief は「安堵・安心」ですが、これを覚えて安心することはできません。それ以外にも次のように使われるからです。

(1) a. pain **relief** formula（鎮痛薬）
　　 b. tax **relief**（税の控除）
　　 c. **relief** pitcher（リリーフ投手）

実はreliefのイメージは「心労・困難からの解放」です。pain（痛み）を解消してあげるから「鎮痛薬」。税金を「控除」されれば「ホッ」としますし、先発ピッチャーを重荷から解放する人は relief pitcher となります。一度核となるニュアンスを捉えれば、すべての言い回しはその延長線上にあるのです。

多くの場合、イメージに至るのはむずかしい作業ではありません。日本語訳から一歩「奥」に歩を進めれば得られることもよくあります。

reliefを「安堵・安心」と覚えて安心する前に、辞書でその周囲を見渡してください。気の利いた辞書なら「安堵・安心」の他に「ホッとさせるもの」といった記述もあるはずです。また、動詞形relieveに「取り除く・ホッとさせる」を見つけることもできるでしょう。そこから(1)の使い方の理由を考えれば、「心労・困難からの解放」に至るのも時間の問題となります。

　大切なのは「訳を覚えて安心しない」、そのことです。[27] さて、次はもう少し使用頻度が高く、はるかに広範な意味をもつ単語fineを眺めてみることにしましょう。

3-2 I'm fine.は「元気です」か

　今時は小学生でもHow are you?と尋ねられればI'm fine.と答えるほど、よく知られた単語ですが、fineは「元気」なのでしょうか。もし「風邪をひいてないし、熱もない」意味でfineを使っているとすれば、少しズレています。

　そういえば、fineは「晴れている」という意味でも使われます。

(1) It's a fine day, isn't it?　　*今日は晴れましたね？*

　英語では、どちらのfineも同じ意識で使われていますが、そのイメージは何でしょうか。

「『よい・すばらしい』という意味かな？」と思われた方には次の例をご紹介しましょう。fineは「よい」こと限定の単語ではありません。

27　私もこういった過程を経てイメージを追っています。私の場合、研究成果を公にすることもありますから、ネイティブスピーカーたちと確認する作業は欠かせませんが、個人的に使用するならこれで十分です。次のfineも同じやり方でイメージを追ってみましょう。

THE MOST EFFECTIVE WAY TO GET RID OF FINE LINES
小皺を消す最も効果的な方法

　こちらは「小皺」。女性にとってはあまり「よい」ものではないでしょう。fineのイメージに辿り着くためには、もう少し用例を検討してみる必要がありそうです。

(2) a. fine gentleman　　**b. fine** gold .
　　　正真正銘の紳士　　　　　*純金*

　c. Can we meet at seven tomorrow? ── That sounds fine.
　　明日7時に会える？　　　　　　　*──それでかまいませんよ。*

　これらの用例から引き出される、fineのイメージは「スッキリしている・濁りがない」。順に説明しましょう。

　fine gentlemanは「素敵な紳士」でも「元気な紳士」でもありません、「一点の曇りもない紳士」のことです。一見紳士ではあっても口汚かったりマナーに問題がある人はいます。そうした、紳士性を汚すものがまったくない人がfine gentlemanなのです。fine(=pure) goldは、fineの意味に大きな手がかりを与えてくれる用例です。「混じりっけのない金（＝純金）」ということです。単語力のある方ならrefine（洗練する・精製する）も思い浮かぶでしょう。これらの用例から「スッキリ」に辿り着けば、cのOKと同じように使われるfineも納得できるはず。「イヤだな・用事があるのに」といった、わだかまりが心に生じていないことを示しているのです。

　冒頭のI'm fine. や It's a fine day,

fine

isn't it? の説明はもう必要がないかもしれません。a fine day は空が雲に覆われていない様子を、I'm fine. は体の健康だけでなく「心身共に問題がない、スッキリした状態」であることを表しています。

　さて、難易度を上げましょう。fine には「細い・細かい・薄い」といった使い方があります。ペンの横に fine と書いてあるのを見たことがある方も多いでしょう。これには「細字」。fine thread / hair（細い糸/髪）、fine sand（細かな砂）などの表現もあります。先述の、広告の fine lines はその延長線上です（細い線→小皺）。

　fine のこうした使い方も「スッキリ」から生じています。大きくてゴツゴツのもの、太く粗雑な線を削りながら「スッキリ」させていった結果の「細い」「細かい」。それが fine が使われる理由です。

(3) There is **a fine line** between genius and insanity.
　　　天才と狂気は紙一重です。

「微妙な境界線」などと訳されるこの fine line も同じです。野太い境界線をシャーッと削りながら「ほそいほそーーーい線がある」と言っているのです。

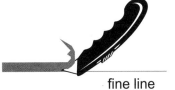

fine line

　さて、それでは最難関の用例です。fine には「美しい」と訳されるケースもありました。

(4) He is a **fine-looking** young man.
　　　　　　　　　　　彼はとても整った顔をした若者です。

　fine-looking は stylish（格好のいい）や beautiful（美しい）と同じように使われますが、かすかに感触がちがいます。stylish、beautiful があくまでもその魅力をストレートに表しているのに対し、fine-looking には「理想像」が感じられています。理想的なイメージにピッタリ、理想を妨げる夾雑物がない、ということです。日本語では「整った」がもっとも近いでしょう。

4
単語の意味は、
日本語訳を超えて大きく広がる

　単語の中には極端に大きな意味の広がりをもつものがあります。その代表格は前置詞。前置詞のもつ広大な意味の広がりを見れば、日本語訳で何とかしようとは思わなくなるはずです。

　前置詞の中でもっとも豊かな意味の広がりをもつ単語のひとつ、onをご紹介しましょう。「〜の上」という定訳ではこの単語のもつ豊かな表現力のごくごく一部しか得ることはできません。例えば、街角にありふれた、次のonの中に「〜の上」で理解できるものはありません。

　これらのonが何を意味しているのかを理解するためにはまず、onの意味が広がっていくプロセスを知る必要があります。

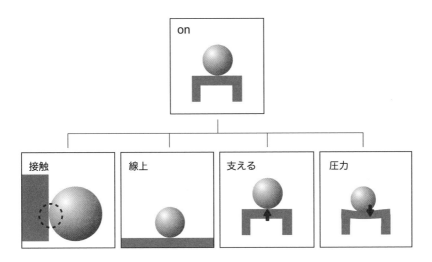

on の基本となるイメージは「〜の上に」。「上に」という日本語ではなく、上図の位置関係として考えます。日本語訳は広がることはありませんが、位置関係は自由な「解釈」を許しさまざまな意味を生み出すからです。

まずは、基本イメージそのものの使い方を見ていくことにしましょう。基本イメージはそれ自体、日本語訳「〜の上」よりもはるかに豊穣な使い方を生み出します。

(1) 基本イメージから生まれる文

    a. Coffee is ready **on the table**.
      コーヒーはテーブルの上に準備ができています。

    b. He visited London **on business**.
      彼は、仕事でロンドンに行きました。

    c. He is **on vacation / leave** at the moment.
      現在彼は休暇中です。

d. He passed the exam **on his first try**.

彼は最初のチャレンジで合格しました。

e. He has appeared **on TV**.

彼はテレビに出たことがあります。

　aは「〜の上に」、定訳通りの文ですが、日本語訳がまるで異なるb〜eにも同じ意識が流れています。時間幅をもった期間・活動がある種の「ステージ」と見なされているのです。bはロンドン行きがbusiness という活動のステージ上行われたということですし、cはvacation（休暇）、leave（育児休暇、介護休暇など、特別な事情で認められた休暇）のステージ上にいるということ。dは最初のトライというステージで、eはテレビというステージに、といった具合にです。みなさんがよくご存じのon Sunday、on the 10th of October、on Christmas Eve など、「日のon」にも、ネイティブスピーカーの多くは同様のステージを連想しています。時刻のように「点」ではなく、ある時間幅をもった場所にいる感触がステージのonを呼び込んでいるのです。

(2) We play tennis on Sundays.

私たちは日曜日にテニスをします。

「ステージ」に慣れてくると、次のような使い方も射程に入ってきます。

(3) a. I wrote the report on a computer.

コンピューターでリポートを書きました。

b. He always composes songs on the piano.

彼はいつもピアノで歌を作曲します。

　コンピューターやピアノが作業のベース、つまり「ステージ」です。その上でリポートや曲が作られているのです。

　先にお見せした写真Aを説明しましょう。アメリカの多くの州では赤

信号でも右折ができますが、交差点によっては「赤信号時右折禁止」、それがこの標識です。ここでonが使われてるのは、やはりステージが意識されているから。赤信号というステージ（状況）では、曲がってはいけないということなのです。

　それでは基本イメージを離れ、位置関係が生み出すさまざまな解釈に解説を広げましょう。まずは「接触」。

(4)「接触」から生まれる使い方

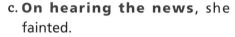

　　a. There's a calendar **on the wall**.
　　　壁にカレンダーがあります。

　　b. Please keep the admission card **on you** at all times.
　　　入館証はいつでも身につけていてください。

　　c. **On hearing the news**, she fainted.
　　　ニュースを聴くとすぐ、彼女は気絶しました。

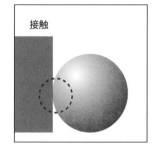

接触

　接触はonの得意な領域です。カレンダーが壁にあるのも、「身につけている」のも接触。だからonが使われているのです。cは時間的な接触。「ニュースを聞く」と「気絶」という２つの出来事の接触（〜するとすぐ）を表しています。次は「線上」。線への接触を表すこの使い方もonの得意領域です。

(5)「線上」から生まれる使い方

線上

　　a. Matsudo is **on the Joban Line**.
　　　松戸は常磐線沿線にあります。

b. I met her **on my way** back home.

家に帰る途中に彼女と会いました。

c. Tropical storm Isaac is **on a similar path** with Katrina.

熱帯性低気圧アイザックはカトリーナ（過去のハリケーン）と同じ経路を辿っています。

d. Lucy is **on friendly terms** with Catherine.

ルーシーはキャサリンと友人関係にあります。

line（線）、way（道）、path（道筋・進路）、border（国境）、river（川）など、線として意識されるならonは使うことができます。dでterms（関係）にonが使われているのは、「関係」が比喩的に線として意識されているからです。

さて、写真Bのonはこの使い方——Village（宅地名称）がCortez（コルテス通り）沿いにあるということになります。

onの位置関係が生み出す豊かな解釈、さらに解説を進めましょう。次は「支持」。下の台が上を「支えている」と考えると、基本イメージからこの解釈に至ります。

(6)「支える」から生まれる使い方

a. This movie is based **on a real-life story**.

この映画は実話に基づいている。

b. You can always count **on me**.

いつでも僕を頼りにしてくれていいよ。

c. Spiders live **on flies**.

クモはハエを常食とする。

支える

is based on（〜に基づく）にonが使われるのは「支える」がイメージされているから。「この映画」を「実話」が支えているのです(a)。bで「頼る」にonが使われているのも「支える」が想起されているから。depend on、rely onなど「頼る」とonはいいコンビネーションを作ります。count（数える）は「君が頼りにできる人間の1人として僕をカウントしていいよ」というニュアンスです。cのlive onには「〜を常食とする」という訳がしばしば与えられますが、あまり感心しません。このフレーズのポイントは「支えられて生きている(live)」ということだからです。

(7) **a. She lives on her pension.**
　　　彼女は年金暮らしです。

　　b. I'm not on welfare.
　　　私は生活保護を受けてはいません。

　クモがハエを食べて生きているなら「常食とする」ですが、年金に支えられれば「年金暮らし」、welfareに支えられれば「生活保護を受ける」となります。次は最後の解釈——「圧力」です。上のボールが台座を押していると解釈しているのです。

(8)「圧力」から生まれる使い方
　　a. We can't place this entire burden on him.
　　　彼にすべての責任を被せるわけにはいきません。

　　b. Let's focus on this issue.
　　　この問題に焦点を合わせましょう。

　　c. No one wants to be looked down on.
　　　誰も軽蔑なんかされたくはありません。

　　d. We played one on one.
　　　私たちはワン・オン・ワンをしました。

圧力

どの文のonにも色濃く「圧力」が感じられています。aでは責任の重荷が彼にかかっており、bでfocus on（〜に集中する）となっているのは、集中する力が圧力として対象物に及ぶから。よく使われるconcentrate on（〜に集中する）も同じです。「on=圧力」を理解できれば、なぜlook down（軽蔑する）にはonが使われるのかがわかるはずです。尊敬する（look up to）ときとは異なり、軽蔑がグッと相手に及ぶ圧力が感じられているからです。バスケットボールでお馴染みのone on one（1対1）も、お互い加え合う圧力が感じられるフレーズです。「圧力のon」は、少し注意すると日常頻繁に用いられています。

(9) a. Mary turned her back on him.
　　　メアリーは彼に背を向けました。

　b. Are you calling the police on me?
　　　（万引きを疑われた男が店主に）警察を呼んでいるのですか？

　c. She hung up on me.
　　　彼女はガチャッと電話を切りました。

　aではMary の敵意・嫌悪がonに感じられ、bでは自分を不利な立場に置く行為であることがonを使わせています。cは静かに受話器を置いたわけではありません。「ガチャン！」と切った——やはり圧力が感じられているのです。ここまでonを使いこなせれば、ネイティブそのものの語感でしょう。

　ここで問題です。2-2(1)の会話で使われた次の文は、なぜ「私が払う」という意味となるのでしょうか。

(10) Well, the next dinner is definitely on me.
　　　それなら次は絶対私が払います。

　支払いの義務がon me（私に掛かっている）、そこから「払う」となるのです。

さてそれでは最後の写真を検討しましょう。

「当行のオンラインの貯蓄口座には口座メンテナンス費がかかりません」ということです。この文の「かかる」にはwithも使用可能ですが、やはりonが最適でしょう。「口座に費用が課される」には、義務を課す圧力が感じられるからです。「そうした鬱陶しい圧力はありませんよ。口座を開いてくださいね」──広告として十分成り立つ文となっているのです。

■

　日常使われる単語は、大変豊かで繊細な意味をもちます。日本語でそのすべてを摑むことはできません。「イメージを摑み取る」、その姿勢が大切なのです。

日本語訳による単語学習の、次の弱点は同じ日本語訳となる英単語が複数あるケースが数多くあるということです。日本語訳しか知らなければ適切な単語を選ぶことはできません。big と large、little と small はその好例でしょう。「ここは big なのかな、それとも large がいいのかな」——英語を話そうとしたときに初めて、自分が何も知らないことに気がつく——誰しも経験があるはずです。

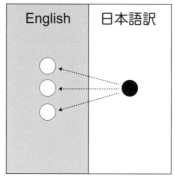

5-1 big と large、little と small

「大きい」「小さい」と訳される big-large、little-small。ですが、イメージは異なります。完全に同じ意味なら2つも単語がいりません、微妙に異なる意味があるからこそ共存しているのです。

たとえば洋服のサイズ。L-M-S はもちろん L(arge)、M(edium)、S(mall) のことです。big も little も出てはきません。なぜなのでしょうか。順を追って説明しましょう。

まずは big と large。この2つは「奥行き」がまるで異なります。large が単なる寸法上の「大」を表す極めて即物的な単語であるのに対し、big は「大きいなぁ」「でかい！」など、感情的な奥行きを感じさせます。

(1) a. Wow, that's **big** (✕ large)! 　へぇ、でかいねぇ！
　　b. Los Angeles is a **large** city. 　ロサンゼルスは大都市です。

　大きさに驚いたとき、「でっかいなぁ」と口を突いて出てくるのは
big。一方largeは「大都市」——ただそれだけ。そこには大きさに対す
る感嘆はありません。単に寸法を表すlargeは、「大きな心」「大物」な
ど比喩的な大きさを表すのも苦手です。

(2) a. He's got a **big** (✕ large) heart. 　彼は大きな心をもっている。
　　b. John is a **big** (✕ large) shot in this industry.
　　　彼はこの業界の大物だよ。

　奥行き豊かなbigと寸法のlarge。まるで同じ対比がlittle と small に
もあります。

(3) I have a **little** / **small** suggestion here.
　　ここで小さな提案があります。

　会社の製品企画会議で意見を述べるとき
little と small、どちらが適当でしょうか？　私
なら small を選びます。
　little には感情が宿ります——「ちっちゃ
い・ちょこっと提案があるんだけど」。真剣な
会議で自分の提案を矮小（わいしょう）化する必要はありま
せん。small を使って「小さな提案があります
が」、これならピッタリです。
　逆に、お馴染みの物語「人魚姫」。こちらは
どう考えても *The Little Mermaid* でなくては
なりません。*The Small Mermaid* では「小人

little
suggestion

small
suggestion

119

魚」。寸法が小さな人魚を指す名称のように
なってしまいます。「ちっちゃくて可愛い」
——感情の乗るlittleが唯一の選択肢なのです。
いや、日常繰り返し使われる単純な単語だか
らこそ、日本語訳には表れない繊細なニュア
ンスがあるのです。

　さて最後に服のサイズがなぜL、M、Sなの
かを考えましょう。洋服の選択で問題となる
のは「大・中・小」の客観的なサイズ。「ち
っちゃいね」とか「でかいなぁ！」と感情を
込める必要はまるでありません。だからL、M、
S。イメージさえ摑めば何の不思議もありま
せん。

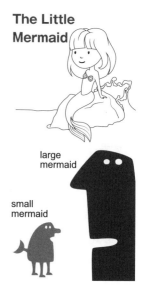

The Little
Mermaid

large
mermaid

small
mermaid

サイズ・距離表現の後ろにある感性

　感情的奥行きのある単語と単なる寸法。こうしたコン
トラストがあるのは「大・小」だけではありません。た
とえばbroad-wide。broad shoulders にはガッシリと頼
りがいがあるといった感触があります。単に「肩幅が広い」
wide shoulders とは受ける感じがずいぶんちがいます。

(1)a. I like guys with **broad** shoulders.
　　　ガッシリした人が好き。

　b. He has **wide** shoulders.　　彼は肩幅が広い。

near / close はどちらも「近く」。多くの場合どちらも
使えますがnearが2点間の単なる距離であるのに対して

120

closeには「肌で感じる」心理的な近さが感じられます。親友は a **close** friend（✗ a near friend）ですし、事故を起こしそうだったときには That was so **close**（✗ so near）!（ギリギリだったよ！）となります。

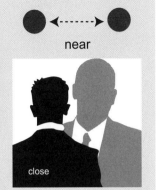

　far / distant / remote のうち、単なる「距離が遠い」は far。distant は very far というだけでなく、a **distant** memory（彼方の記憶）、the echo of **distant** drums（遠いドラムの響き）など、心理的な距離感を強く伴い叙情的な香りを漂わせます。remote は今・ここと切り離された隔絶感。リモコンは a remote ですが、「手が届かなくても・切り離されていても、使えます」ということなのです。

5-2 happyのまわり

　happy は「うれしい・しあわせ」でしょうか。英語には「うれしい・しあわせ」に対応する表現は多数あります。しっかりとそれぞれのイメージを摑まなければ、正しく選べないばかりか、happy も上手には使えません。

　ところで、みなさんは「うれしい・しあわせ」と訳せない happy に出会ったことはありませんか？

(1) クルマの値交渉で……

Our offer is $1,200. We can't go any higher than that.
1,200ドルではいかがでしょう。これ以上はできません。

—— OK, I'm **happy** with that.

　この場面でお客さんは「うれしい」と感情が高揚しているわけでも、ましてや「しあわせです」とも感じていません。happyは本来どういった単語なのでしょうか。happyに類した「しあわせ仲間」を集めて比較してみましょう。他の単語と区別が付くとhappyの正体がわかります。

しあわせ仲間の頂点は**ecstatic**。我を忘れるほどの恍惚感です。**blissful**は夢見心地のしあわせ。憂いがなく心が完全にハッピーで満たされた状態です。少年が初デートで感じるレベルのしあわせと言えば、その感触が摑めるのではないでしょうか。

　happyははるか下。happyより強いしあわせを運ぶ単語はたくさんあります。

　jubilantは達成感を伴う巨大な喜び。甲子園優勝とかですね。**overjoyed**はjoy（喜び）の汪溢。溢れるばかりのしあわせです。light（光）が組み込まれた**delighted**は光が差し込んでくるような幸福感。結婚した、赤ちゃんが生まれた、試験に受かったといった、happyより一段と高い幸福度を表します。**elated**の語源はlift up。突然瞬間的に上昇する幸福感を指します。ただ、この単語は「すぐしぼむだろうな」も同時に色濃く暗示します。**thrilled**はドキドキ・ワクワクを含むしあわせ感を表します。

(2) Can you come to our wedding party? ── Of course! I'm **thrilled**!
　披露宴来られますか？ ── もちろん！　とても楽しみにしています！

　さて、やっとhappyの出番です。happyはこの種の単語の中でもっとも大きな守備範囲をもちます。satisfied、content(ed)（満足した）と守備範囲が重なっているのです。値交渉で現れたhappyはこのニュアンス。単に「それで満足（結構）です」ということなのです。同じニュアンスのhappyは次のようにも使えます。

(3) 父親に言われイヤイヤ髪を切った娘が……
　Happy now?

　「しあわせ？」ではありません。「これで満足？」というイヤミです。

5-3 「頭が良い」を表す単語

「英語に感情が乗らない」「なんだか記号を組み合わせて文を作っているような気がする」——こうした感想はよく聞かれますが、意外なことではありません。「感情が乗る」は、的確な表現を選択する過程にしか宿らないからです。うれしいとき自動的にhappyと言うのなら、「喜・怒・哀・楽」の「喜」である以上の感情がhappyに宿るわけがありません。最適な語を選び取ってこそ、自分の感情そのものを表現することができるのです。ニュアンスのない日本語訳だけしか知らないのなら、英語はいつまで経っても感情とは無縁の「記号」のままです。

ここで「しあわせ」に続いてもうひとつ、日本語訳を共有する大きなグループを紹介しておきましょう——「頭が良い」。成熟した英語力が乗せることのできる繊細な感情を知ることができるはずです。
「頭が良い」と訳される単語には多々ありますが、頻度が高いものは次のものでしょう。

> wise、intelligent、bright、brilliant、sharp、smart、clever

隣に住む男の子が県内一の進学校に合格したとしましょう。みなさんならどの単語を使いますか？

(1) The boy next door is very (　　).
隣の子、とっても頭がいいですね。

私ならbrightを選びます。高校進学にintelligentを持ち出すのは過剰ですし、smartやcleverも頭の良さの方向がちがっています。wiseはもっとも遠い選択です。
wiseは経験に熟成された知性・判断力を意味します。世間知に富む年配の方々への賛辞なのです。中学生に使うのは無理というものです。

intelligentは「頭がいい」仲間でもっとも深く高い知性が感じられる単語です。IQがいくつなのか、どこの学校を卒業したのかといった底の浅い話ではありません。高い思考力・分析力、さらにそれに根ざした問題解決能力を示しているのです。

　私が選んだ**bright**は「明るい」。「光」が「賢さ」とつながる単語です。頭の中が光に満ちた、生来の賢さにその焦点があります。受験に受かった中学生はもちろん、年端もいかない子どもにだって使うことができます。**brilliant**は「煌めき」から知性につながります。ダイヤモンドのブリリアントカットが放つ目映い光から、この単語がもつ「トップクラス」が容易に想像できるでしょう。[28]

　残りの単語を片付けていきましょう。まずは**sharp**。この単語が表す知性はもちろん「キレがある」。鋭いナイフから自然に導き出されるニュアンスです。smartとcleverは似た単語。どちらも頭の回転の速さを意味しますが、それでもニュアンスは微妙に異なります。

　smartはstylish（格好が良い）の近くにある単語。日本語の「スマート」から誤解している人も多いのですが、slim、slender（痩せた・ほっそりした）という意味ではありません。無駄のない、キレのある格好良さです。ここから連想される「頭の良い」は、知力が高く、計算高く、いつでも無駄なくキレよく効率的——MBAを保持した一流のビジネスパーソン的です。決まったルートを誰よりもすばやく無駄なく駆け抜ける知性です。

　cleverの頭の良さには、smartにない発想の豊かさが感じられます。靴の売り上げが不振なら、「顧客調査を行い、デザイントレンドと材質の検討部会を設けましょう。知り合いのホットなデザイナーが力になってくれますよ」といった提案が即座にできる人がsmartな人。「販売不

28　こうした連想に英語－日本語間のちがいはあまりありません。「光＝知性・理解度」は、日本語でもありふれた連想です。「聡明な人」「明らかなまちがい」「明瞭な」「地理に明るい人」「啓蒙」など、いくらでも思いつくことができるでしょう。「蒙」は覆われた状態のこと。つまり啓蒙とは「見えない暗さを啓（ひら）く」——明るさに由来する表現です。「啓蒙する」に相当する英単語はenlighten。「明るくする」を意味します。

振ですかー。簡単に解決できますよ。3日で磨り減っちゃうような靴底にしましょうよ。そしたら3日ごとに買い換えてくれるから」と笑いながら答えるような人。それがcleverな人。

「頭がいい」と言うだけでも、さまざまな選択肢が視野に入っていればそこに「あなた」がきちんと乗っていきます。

5-4 強さ・レベルの感覚

　日本語訳が重なっているために、使い方の区別がつかない単語が集中するのは「強さ」「レベル」に関わる表現です。単語のもつ微妙な強弱は日本語に反映されづらいのです。たとえば、日常多用される「いいね・すごいや・すばらしい」と訳される単語の中にも厳然と強弱の開き、レベル差があります。

(1) スマートフォンを買った友人に……
That's nice / good / great / amazing / terrific / awesome.
それはいいね・すごいね。

　もし感心・感動を伝えたいのなら、niceは落第です。niceは「いいね」、これといった感想がないときに出てくる無難な単語だからです。「レストランどうだった？」の答えが That was nice.（よかったです）なら、会話は盛り上がりません。何がよかったか、どのくらいよかったかがさっぱり伝わらないからです。もし学生が文章でniceを頻発するようなら、そのおざなりな書き方を教員は注意した方がいい、そうした種類の単語です。goodはまだましですが、感動を表したいのならまったく役不足です。greatも月並み。大感動というところまではいきません。amazing、terrific まで来て初めて大きな感動を伝えることができます。眉をあげた感じでしょうか。awesome は、最高度の感動を表します。

　さて、レベル差の習得がもっとも厄介なのは、強意表現です。そう、veryやso、reallyなど「とても、非常に、本当に」と訳される単語たちです。

　強意表現の中でもっとも標準的で特別なニュアンスが感じられないのは、お馴染みの**very**。ここからの「距離」を測りながら説明しましょう。

　absolutely（完全に）はもっとも強い単語。「一点の曇りもなく」「完全に」と大変大きな強調を与えます。

　so（すごく・とても）は感情を込めやすい単語。He is soooo talented.

（彼にはすご〜く才能があります）などと伸ばして使うこともしばしばありますよ。

　really（本当に）はinformal（堅苦しくない・気軽な）な柔らかい表現。veryより強い表現です。

　quite（かなり）は通常fairlyに近いレベルですが、表情や読み方によって非常に大きな強調を与えることができる、変わった単語です。でもその事情は日本語の「かなり」にもありますよね。「テストどうだった？」と聞かれて「かなりいいよ」とフラットに答えるのと、「か・な・り、いいよ！」と答えるのは、ずいぶん印象が変わるはずです。この単語にはformal（堅苦しさ・改まった）感があることも見逃せません。That's **quite** exquisite.（まったく申し分ない）。exquisiteは上品な香りが漂う表現ですが、quiteとピッタリバランスが取れています。

　ここからはvery以下。**pretty**（かなり）はくだけた発言で使われる、柔らかい表現。Pretty good!（相当いいな）。もちろん a *pretty* girl（可愛い女の子）のprettyとは別単語です。

　fairly（かなり）はveryよりかなり落ちて「問題ない」レベル。She plays the piano fairly well but she needs to practice more.（彼女のピアノはかなりいいがもっと練習する必要がある）といった使い方もされます。

　rather（かなり）はかすかな批判・期待はずれなど、否定的な文脈で使われがちな単語です。

　a little・a bit（少し）は同レベル。bitはくだけた言い方です。

　hardly・barelyの訳は変わらない（ほとんど〜ない）が、barelyの方がより「ない」感触がします。bareは「裸」「ないも同然」が感じられているのです。

　さて、次のセクションでは、もっとも日本語訳で学びづらい、前置詞を取り上げましょう。

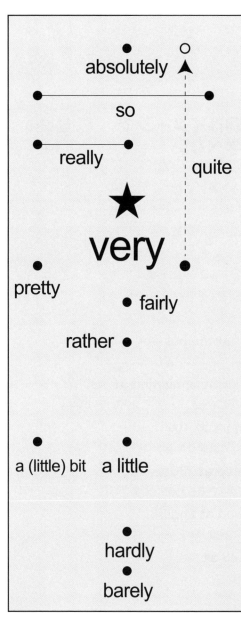

6

弱点の複合

6-1 前置詞はイメージでしか学べない

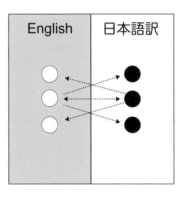

適切な前置詞の選択は相当に厄介な問題です。今まで英単語が複数の日本語訳に対応する、訳が複数の英単語に対応するといった、日本語訳が単語学習をむずかしくするケースを眺めてきましたが、前置詞はその複合だからです。

(1) a. We met **at** the bus stop.
　　私たちはバス停で会いました。

　b. We're having a meeting **at** 7:30.
　　私たちは7時30分にミーティングを行います。

　c. Water boils **at** 100℃.
　　水は100度で沸騰します。

　d. This is sold **at** 200 yen.
　　これは200円で売られています。

　e. He is good **at** English.
　　彼は英語が得意です。

　f. He looked **at** me.
　　彼は私を見た。

前置詞は「で・に・が・を」など助詞として訳されるところが厄介です。[29] at はこのように複数の助詞に対応し、また助詞自身も多くの使い

方をもつため複数の前置詞に対応します——「で」と訳すことのできる前置詞はatだけではありません。

(2) a. The roof is covered with snow.
　　屋根は雪で覆われている。
　　b. I want to live by myself.
　　私はひとりで暮らしたい。

　要するに、前置詞は日本語訳で学ぶことは不可能なのです。そのため辞書では「場所」「時」「温度」「価格」といった用例を列挙することもありますが、やはり上手くはいきません。「場所」や「時間」に対応する前置詞はat以外にも、in、onなど、数多くありスッキリとした対応関係を作ることができないからです。私がイメージでの英単語解説を前置詞から始めたのも、イメージ以外に学習方法がないためです。

　前置詞のイメージは単純な位置関係です。atは「点」。*at* the bus stopでは地図が想起されており、バス停は「地点」を示しています。時刻は時間軸上の「点」と感じられるため*at* 7:30となります。温度、価格も同様に「点」と感じられるた

29　翻訳上、前置詞が助詞と対応するからでしょう、前置詞の機能を助詞と同様に理解している学習者は少なくありません。助詞は表現が文の意味にどのように参加しているのかを示す語句であり、前置詞にそうした機能はありません。平たく言えば「前置詞は『つなぎ言葉』ではない」のです。I did my homework *in the morning*.（午前中に宿題をやりました）でinは「に」の代わりをしているわけではありません。I did my homework this morning.（今日の午前中に宿題をやりました）ではinがないthis morningが「午前中に」を表しています。in the morning / this morningというカタマリが文末の説明位置にある、それが「午前中に」と修飾関係を示しています。他のすべての表現と同様に「文内での位置」が「役割」とつながっているのです（この「学習者は前置詞と助詞を同一視している」はSNS上で拝見した、山東典晃氏による指摘です。英語修飾への無理解と翻訳中心の学習が生み出す虚構を突いた優れた洞察です）。

め at 100℃、at 200 yen。good *at* English は「英語という点では（よ
い）」ということ。looked *at* me では「点に目をやる(look)」ため at が
選択されています。

6-2 前置詞の選択

　適切な前置詞の選択には、その状況でどういった位置関係が思い起こ
されるのか、が重要です。

(1) a. We changed trains **at Shinjuku Station**.
　　私たちは電車を<u>新宿駅</u>で乗り換えました。

　b. We did some shopping **in Shinjuku Station**.
　　私たちは<u>新宿駅</u>でちょっと買い物をしました。

　a で at が選択されるのは「乗り換えた」なら路線図が思い浮かび、そ
の中の「地点」として「新宿駅」が認識されるからです。一方 **b** で in が
自然なのは「買い物をする」状況では、「新宿駅」は店が建ち並ぶ、大
きな容積を伴ったものとして意識されるからです。「で」・「場所を示す」
と覚えても区別できなかった at と in の使い分けが、位置関係のイメー
ジによって容易に可能になるのです。次は受動態での前置詞の選択です。

(2) a. Mike was slapped **by a girl** in the bar.
　　マイクはバーで女の子に平手打ちをされた。

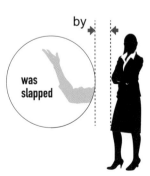

　by は「近接：そば」の位置関係を表す前
置詞です。受動態の文で by は「行為者」を
表しますがそれは、その出来事を引き起こ
した「行為者」が意識の上で行為の「近く」
に感じられているためです。受動態は by を
使う例を中心に学習することが多いようで

すが、別の位置関係が想起される場合には——当然のことながら——別の前置詞が選ばれます。

(3) a. He was badly injured **in a skiing accident**.
彼はスキーの事故でひどいケガをした。

　b. All the furniture was covered **with dust**.
家具はすべてホコリに覆われていた。

　c. I was surprised **at the speed of his recovery**.
僕は彼の回復スピードにビックリしたよ。

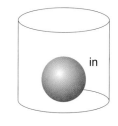

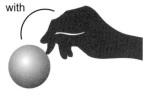

　aは「スキーの事故の中で」ケガをしたため in。**b**は「ホコリ」という道具を使って「覆われた」ため、道具を表すwith（道具は手と「一緒」にあるため with が使われるのです）。**c**には「時点」が意識されています。「彼の回復スピードを目の当たりにしたとき」というニュアンスです。

　さてもう少し複雑な使い分けに進みましょう。「〜について」に何を使うのか、という問題です。

(4) a. We need your approval **on the price**.
価格に関してご承認いただく必要があります。

　b. This is a book **about pandas**.
これはパンダについての本です。

　c. There's no use crying **over spilt milk**.
覆水盆に返らず（＝こぼれたミルクについて泣いても仕方がない）。

　on の「〜について」には厳密・精密・専門的な響きがあります。「接

触」のonが「その話題そのものに向かう」といった精度の高さとつながるのです。aboutの表す位置関係は「まわり」。[30] ボンヤリと漠然とした感触が常につきまとう単語です。a book about pandasはパンダについての「アバウトな」「パンダにまつわるさまざまなことが書いてある」本といった印象。もし専門的な本なら精度の高いa book on pandasとなります。overは「上に円弧」をイメージとする前置詞。over spilt milkは「ミルクをこぼしてしまった後に」ということ。「上に円弧」のイメージが、出来事を乗り越え終わってしまったことを表しているのです。The game is over.（試合は終わりました）などポピュラーな使い方です。

　前置詞の繊細な選択は日本語訳の手に余ります。常に位置関係に立ち返ること、それが重要だと私は考えています。

30　aboutを「まわり」と説明しましたが、日本語ではなく図示した「ボンヤリと取り囲んでいる」イメージを摑んでください。「まわり」では(a)roundと区別がつきません。about と(a)roundは使い方が似ていますが、aboutには次のような使い方ができません。
　We develop products **around** surfactants.
　わが社は界面活性剤関連の製品を開発しています。
　(a)roundはクッキリと円を描く「まわり」、一方aboutは漠然としています。「界面活性剤を中心としそこから派生した製品群」を示すには(a)roundの方がはるかにしっくりくるのです。

7

日本語に訳せない

　英単語学習は日本語訳ではむずかしい、さらに深刻な例は「対応する日本語訳がない」。英語はそもそも日本語訳ができるように作られているわけではありません。日本語が使えない・日本語で表せない意味を伝える単語があっても不思議ではありません。英語を翻訳したことのある方にはごく当たり前の事実でしょう。ここでは特に頻繁に用いられる単語を3つご紹介しましょう。

7-1 will は「だろう」ではない

　心理を表す単語グループ、助動詞は心理を表すため、概して日本語訳には収まりづらいのですが、中でも日本語訳がむずかしいのはwillでしょう。この単語に該当する日本語がないから。willの意味は私たち日本人が言語化しない「視線」にあるからです。

　学校英語では普通、「will は『〜だろう』という意味で未来を表す」と紹介されますが、will は「だろう」に機械的に置き換えていくことはできません。

(1) a. This train **will** arrive at Shinagawa Station in a few minutes.
　　この電車は品川駅に数分で到着します。

　 b. That'**ll** be twenty dollars fifty cents.
　　（店の会計で）20ドル50セントになります。

　日本語の「だろう」は「断言・確信できません」「私は責任を取れませんよ」の隣にある表現。aは車内放送の例ですが、もし「数分で着く

でしょうね、着かなかったらごめんなさい」といった不確かな表現なら乗車中のビジネスパーソンたちはただちに暴れることでしょう。もちろん「到着します」と言っているのです。また、レジ係が金額を言うとき That will be〜ということがありますが、これも当然「20ドル50でしょうね」ではありません。それではなかなか払う気にはなりません。will は「だろう」ではないのです。

　will のイメージは「見通す」心理・視線にあります。次の例を見てみましょう。

(2) a. My dad **will** be 60 this October.
　　　私の父は10月で60歳になります。
　　b. My dad is 60 this October.
　　　私の父は10月で60歳になります。

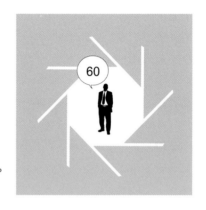

　どちらの文においても話し手は父親が60歳になることを知っています。will があるからといって不安なわけではありません。ちがうのは「視線」です。

　aで話し手は未来に向かうタイムラインの先を眺めながら「10月に60歳です」と述べています。一方、bは単にカレンダー上の事実を「10月に60歳です」。次の2文も同じちがいです。

(3) a. Unfortunately, we**'ll have to** cancel today's meeting.
　　　残念ながら今日のミーティングはキャンセルしなければなりません。

　b. Unfortunately, we **have to** cancel today's meeting.
　　　残念ながら今日のミーティングはキャンセルしなければなりません。

日本語訳は同じですが、**a**にはこれからの事態の行く末への視線が感じられ、現在の事実として「キャンセルです」と断言する**b**よりもやや柔らかい言い回しとなります。

　さて、willがもつ「見通す」がわかると新幹線のアナウンスのニュアンスがわかるはずです。これからを見通しながら「数分で到着しますよ」。時刻表上の事実を述べた、次の文とは述べ方の角度がちがうのです。

第3章
イメージ

(4) This train **arrives** at Shinagawa Station at 10:07.
　　この電車は品川駅に10:07に到着します。

　レジ係の「20ドル50セントになります」も同じく「見通す」。「消しゴム1ドル、ボールペン3ドル……」と加えていった、その先に20ドル50セントがあるのです。日本でレジ係の方が時々使う「520円になります」とまったく同じ心理が働いているのです。

　ところで、willは未来専用の表現ではありません。「見通す」心理があれば現在のことについても使うことができます。

(5) 30分前に宅配ピザを頼んだら、ドアのチャイムが鳴って……
　　That **will** be the pizza man!　　あ、ピザ屋さんだ！
(6) 10時間前に成田を出発した友人について……
　　They'**ll** be in LA by now.　　彼らは今頃ロスだね。

　どちらも事態を「見通す」感覚があり、それがwillの使用とつながっているのです。[31]

---

[31]　willにはもうひとつ「意志（〜します・〜するよ）」を表す使い方もあります。
　I left my wallet at home. —— OK, I'**ll** lend you some.
　家に財布を置いてきてしまいました。——だいじょうぶ、いくらか貸してあげますよ。
　この使い方も広く「見通す」に含まれます。これから自分が起こす事柄を「見通して」いるからです。出来事を見通せば「数分で到着します」となり、そこで出来事を起こすつもりなら「貸してあげます」となるのです。willのイメージは常に一定なのです。

7-2 everは「これまで」ではない

　everは「これまで」が定訳ですが、everの「意味」をそう考えているならまちがいです。学校文法の語彙説明は不完全な日本語訳を伴うことが頻繁にあり、それが学習の困難とつながっています。

　学校文法でeverが脚光を浴びるのは、現在完了経験用法（〜したことがある）の関連事項として、です。次の奇妙な解説を御覧ください。

ever（これまで・かつて）

Have you **ever** visited London?
あなたはこれまでにロンドンに行ったことがありますか？

①現在完了経験用法（〜したことがある）の疑問文では
　everを使うことが多い。
②平叙文（疑問文でも否定文でもない文）ではeverは使
　うことができない。✕ I have **ever** visited Los Angeles.

　「奇妙」と言ったのは、everが「これまで」なら平叙文で使われないわけがないからです。「私はロスに行ったことが、これまでにあります」には何ひとつ不自然なところはありません。「それではなぜeverの反意語はneverなのか。『これまで』の反対は『決して〜ない』ではないのに」といった疑問も生まれることでしょう。「ever＝これまで」は意味をなさない解説です。なぜこのような、理に適わない解説が放置されているのでしょうか。

　everのイメージは単純です——「い

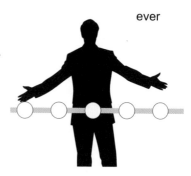

ever

つの時点をとっても (at any point of time)」。ever は any のように「何でも・どれでも」と、任意性を基調とする単語のひとつなのです。ever の反意語が never（決して〜ない）なのは「いつの時点をとっても」の逆は「いつでも〜じゃない＝決して〜じゃない」からです。

　ever が正しく理解ができれば、解説の①にはより深い理解が得られ、②は不要となります。

(1) Have you **ever** visited London?

　この文の ever は「いつのことでもいいですよ」と、選択の自由を相手に与えているのです。「いつのことでもいいんですよ、3年前でも2日前でもかまいません——ロンドンに行ったことがありますか？」と聞いているのです。したことがあるのかないのか、特定の日時を問わない経験を尋ねるとき、添えたくなる表現が ever なのです。そのため下の平叙文は大変奇妙に響きます。

(2) ✕ I have **ever** visited Los Angeles.

「いつのことでもいいのですが、ロスに行ったことがあります」なんて誰も言いません。相手に「いつでもいいですよ」と選択の自由を与えるための ever を自分の発言として使うからおかしく響くのです。

　ever の「いつの時点をとっても」がわかれば、「これまで」に手が届かなかった他の重要な使い方もすぐに手に入ります。

(3) a. **everlasting** peace
　　永遠の平和
b. He has had special needs **ever since** he was born.
　　彼には生まれてからずっと障害があります。
c. This is my best **ever** score.
　　これまでで最高スコアです。

「いつの時点でも続いている平和」から「恒久的平和」、「ever＋since（から）」から「〜からずっと」、「どの時点を考えても best→史上最高の」など、すべて「いつの時点をとっても」で使いこなすことができます。

(4) a. No one will **ever** know.　　　誰にもわかりゃしないさ。
　　b. He **hardly ever** smiles.　　　彼、ほとんど笑わないんだ。

　hardly ever は、hardly（ほとんど〜ない）と ever のコンビネーションで「ほとんどどんなときにも＝ほとんど〜しない」。大変よく使われるコンビネーションです。

　ever は大きなコミュニケーション上の価値をもつ重要語です。その豊富なバリエーションは「何でも・どれでも」の任意性が支えています。お馴染みの ever を用いた wh 語、whatever（何でも）、wherever（どこでも）、whenever（いつでも）、however（どんなに〜しても）にはそれが色濃く感じられます。

(5) Do **whatever** you want.
　　したいことは何でもおやりなさい。

　ever はまた、疑問文で使われ強い驚きや疑念、不信を表します。

(6) a. How did you **ever** come across that information?
　　　一体どうやってその情報を手に入れたんだ？
　　b. Why **ever** did you do that?
　　　一体なんでまたそんなことやったんだい？

　こうしたニュアンスも、源は ever の任意性です。任意の（ありとあらゆる）手法(how)、理由(why)を思い浮かべている様子が「一体どう

やって」「一体なんで」につながっているのです。everの任意性はまた温かさとつながることもあります。

(7) If you **ever** come to Barcelona, give me a call.
バルセロナに来ることがあればいつでも電話をくださいね。

everがなければ、単に「バルセロナに来たら電話をください」。everによって「いつでもいいのよ、もし来たら……」と相手を熱心に誘う温かな心情が文に加わります。

理解不足が文法解説を不可解にする

不完全な理解と日本語訳が学習を困難にしているのはeverに限った話ではありません。someとanyについても同じことが指摘できるでしょう。これらの単語については現在も次のような解説が行われています。

①someとanyはどちらも不特定の数を表し、「いくつかの」「いくらかの」と訳す。someは肯定文にanyは疑問文・否定文に使う。
②anyがnotと使われると「少しも〜ない」という意味になる。
③someもanyも「多い・少ない」を表す単語ではないのでわざわざ日本語にしない方がよい場合が多い。

この解説も「『いくつかの』『いくらかの』と訳す」「日本語にしない方がよい場合が多い」など、他の多くの文法事項同様日本語訳に大きなこだわりがあることが見て取れます。この解説の最大の問題点は、訳にこだわる

あまり「someとanyが同じ意味であり、文形式によって使い分けられている」という誤解を招くことにあります。もちろん2つはまるで異なる意味をもっています。

(1) a. I don't like **some** of your friends.

　　b. I don't like **any** of your friends.

　aは「友達の数名」でありbは「どの友達（も好きではない）」となりまったく別物だということがわかります。またaはsomeが否定文で使われており、解説されているような使い分けは存在していないことがわかります。anyが疑問文・否定文以外で使われる例も珍しくありません。

(2) a. **Any man** would fall for her.
　　どんな男でも彼女のことが好きになるだろう。

　　b. **Any Westerner** who was raised outside the Far East and claims he really understands and can communicate with either the Chinese or the Japanese is deluding himself.[32]
　　極東に育っていないにもかかわらず中国人や日本人を本当の意味で理解しコミュニケーションできると考える西洋人は（誰でも）単にそう思い込んでいるにすぎないのだ。

　また、someが「いくつかの」「いくらかの」という不特定の数として訳せない例も多々、存在します。

32　*Beyond Culture*, Edward T. Hall, Anchore

(3) She married **some Italian guy**.
彼女はどっかのイタリアの男と結婚しました。

　もちろん「1人」しかそうしたイタリア人の男性はいません。somebody（誰か）、someone（誰か）、something（何か）、somewhere（どこか）は何人・いくつを意味しているのでしょうか——もちろん「1人」「1つ」です。
　こうした混乱を私は「不完全な理解」と呼んでいます。この種の解説のために学習者は、理に適わない「意味」を無駄に暗記しなければなりません。そして③のような不可解な「注意事項」を目にして「英語とは理不尽なことばなのだ」という誤解を刷り込まれてきたのです。

　こうした解説でも、日本語訳程度の役には立つから生き残ってきたのでしょう。ですが、私たちは「話す」に向かわなければなりません。簡単にsomeとanyのイメージに触れておきましょう。

　someのイメージは「ボンヤリとある」。数も量も定かではないが確かにあるということです。
　someと単数が結びついたsomebody（誰か）、someone（誰か）、something（何か）、somewhere（どこか）といった

some

単語からは、「ボンヤリ」とひとつのものが思い浮かべられます。

(4) Let's have dinner together someday.
　　そのうち夕食を一緒に食べましょう。

　こうしたことを言われても、実現を期待することはできません。相手は「いつか・そのうち」と日時をぼやかすことによって、社交辞令を述べている可能性が高いのです。

(5) She married some Italian guy.
　　彼女はどっかのイタリアの男と結婚しました。

　...an Italian guy なら「イタリア人の男性」を表す標準的な表現ですが、ここで some Italian guy としているのは、不愉快だからです。わざとぼやかし「どっかのイタリアの男」。日本語でもこうした表現を選ぶことはあるでしょう。

(6) Some want money, others want love.
　　お金を求めている人もいれば、愛を求めている人もいる。

「〜するものもあれば、…するものもある」と訳すよう指導されるフレーズですが、some の語感さえ整っていれば訳を覚える必要などありません。some にボンヤリとした人々を意識し、the など限定詞が付かず特定の人々が一切浮かばない others に、ボンヤリとした「他の人々」を見れば、「こんな人もいるし、あんな人もいる」とボンヤリした表現であることがわかるでしょう。最後に (1)-a の使い方を振り返ってみます。

(1) a. I don't like **some** of your friends.
　　私はあなたの友達の数人が好きではありません。

　someに数名がボンヤリ浮かぶため、こうした意味になるのはもう明らかでしょう。

　一方anyのイメージは――「何でも・どれでも」です。everと同様の聞き手に選択の自由を与える表現、それがanyです。anybody（誰でも）、anyone（誰でも）、anything（何でも）、anywhere（どこでも）などの単語にもこの意味は生きています。もちろんanyは「いくつかの」などではありません。単数名詞とも結びつきますから。

(8) マジシャンが会場の客にカードを取ることを促しながら……
　　Pick a card. ...Pick **any card**.
　　カードを選んでください。どれでもいいのですよ。

　「1枚の」カードを選ばせています。中学校英語の書き換え問題で有名な次のパターンで使用されるのも「any other＋単数名詞」です。

(9) Takeo is taller than **any other boy** in his class.
　　武雄は彼のクラスの他のどの少年よりも背が高い。

any

さて (1)-b の例に立ち返りましょう。

(10)=(1)-b I don't like **any** of your friends.
　　　　　私はあなたの友人の誰もが嫌いです。

　not ＋ any が「少しも・まったく〜ない」となるのは、any が「何でも・どれでも」であることを考えれば当たり前のこと。not と組み合わされれば「どれも〜ではない」となるからです。ちなみに any について「疑問文・否定文で使う」と言いたくなるのは、次のような不自然な文を避けるためでしょう。

(11) ✕ I met **anybody**.

　ただ、any が「何でも・どれでも」だと正しく理解していればこの注釈は必要ありません。「私は誰をとっても会いました」は不自然だからです。

7-3 it は「それ」ではない

「対応する日本語訳がない」単語——最後は it を挙げておきましょう。実は it の意味は日本語の「それ」と大きく隔たっています。it に「それ」という訳語を当てた、その瞬間から解説の迷走は始まっているのです。
　まずは次の問題をやってみてください。私が中学生のとき次のような問題でまちがい、「英語は理に適わないことばだ」と強く印象づけられた問題です。

> 問. 次の（　　）内に適切な語句を入れよ。
>
> What's that?　——　(　　　　) is a wine opener.

　正解はItでした。私はThatと入れてまちがえたのですが、「あれは何？」に対して「あれはワインオープナーです」——それのどこが悪いのでしょうか。

　もちろんThatも正解です。客が店に飾ったワインオープナーについて、従業員に尋ねたとしましょう。「ああ、あれですか。あれはね、ワインオープナーなんですよ」——このケースではthatとなります。thatは「指す」ことば。質問された人がもう一度指すならthatが使われるのです。

that

　itを使った場合、意識は大きく異なります。itは指しことばではありません。itは「受ける」単語。It's a wine opener. と答える場合、従業員は質問のthatを「受け」取り、It's a wine opener. と答えているのです。日本語では「あれは何ですか？」に対して、言語化はしませんが相手の質問を受ける一拍（・）を置いて「・ワインオープナーですよ」と答えます。

It's a wine opener.
・ワインオープナーですよ。

つまりitは、日本語では対応する語彙のない「・」を意味しているのです。itの受ける例を、もうひとつ挙げておきましょう。

(1) A: Could you bring me **that suitcase** over there?
　　B: **This** one here?
　　A: Yes.

B: Wow, **it**'s really heavy!
A:あそこのスーツケース運んでいただけます？　　B: これですか？
A:そうですよ。　　B: わ、すごく重いですね！

　何気ない会話ですが、itとthat / thisの本質的なちがいがわかる例です。スローモーションで見ていきましょう。まずAはBの近くにあるスーツケースをthat suitcaseと言って「指して」います。Bは「これですか？」と同じように指し、そのスーツケースを手に取り「重いですね」。Bは手に取ったスーツケースを「それ」と指しているわけでは──もちろん──ありません。手に重くぶら下がるスーツケースの感触を受けてitと言っているのです。ご自分がスーツケースを持っているつもりになって、何回かこの文を読んでみましょう。itの受ける感触がしっかりと理解できるはずです。

　itは「受ける」単語。「それ」と訳すわけにはいきません。日本語で「それ取って」と言われれば、私たちは「それ」が「指している」ものを探します──日本語で「それ」は「これ・あれ」と同様指すことばだからです。itを「それ」と訳した瞬間、itのもつ例の多くは例外扱いとなってしまいます。

　itが学校文法でどのように使われてきたのかを見てみましょう。

it の用法

①文脈に現れた（複数ではない）名詞を指す（それ）

This is his latest album. I just love **it**!

これは彼の最新アルバム。私はそれが大好きです！

②天候・距離・時間の文で用いる（この用法の it は訳さない）

It's a fine day, isn't it?

今日は晴れましたね？

③形式主語・形式目的語として

主語の位置に it を形式的に主語として置き、真の主語である不定詞句や that 節を述部の後ろにまわすことが多い。形式目的語として使われることもある。

It's difficult to speak English.

英語を話すことはむずかしい。

　it に「それ」と訳語を与えてしまえば、そう訳すことのできないすべての使い方は「例外」「特別なケース」となってしまいます。とんでもない。it の使い方は常に一貫しています。この解説の不備を補いながら it の使い方を説明してみましょう。

　まずは①の「文脈に現れた名詞を指す」使い方。

(1) This is his latest album. I just love **it**!

これは彼の最新アルバム。それが大好きなんです！

　前の文にある his latest album を it で受けている例ですが、「それ」と

するのは訳しすぎです。「これは彼の最新アルバム。すごく好きなんですよ」くらいが適切でしょう。日英の翻訳作業に携わった経験のある方なら、itを「それ」と訳すと日本語になりづらいことにお気づきのはずです。itは受ける単語。日本語では語彙化しないのが基本です。

また「文脈に現れた」はitの使い方を限定しすぎです。itが受けるのは言語化された表現だけではありません。

(2) a. Sorry. **It** won't happen again.
　　　すみません。二度としません。

　 b. I feel nauseous. **It's** something that I ate.
　　　ムカムカします。何か食べたものが悪かったのです。

　 c. We've lived here for about a year, and we often hear noises coming from the roof. We think **it's** mice.
　　　ここに来て1年になりますが、屋根から音がよくするのです。ネズミだと思ってるのですが。

a では失敗の内容を漠然と受け「二度としません」。**b** でitが受けているのは吐き気がする原因、**c** は物音をさせていたモノです。状況から理解されるものを何でも受けることのできる便利な単語、それがitなのです。次のitも同じです。

(3) （部屋にノックがあり）Who is **it**?　——It's me. It's Chris.
　　　どちらさまでしょう？　——私ですよ。クリスです。

Who is it? は、無理にことばにすれば「（ノックしているのは）誰ですか？」ということ。It's me. は「（ノックしているのは）私です」。itはやはり、その場の状況を漠然と受けているのです。[33]

33　蛇足ですがここでWho are you? とは言えません。「あなたは誰なのですか？」——詰問調の発言となります。

itは受ける単語。②のいわゆる「天候・距離・時間のit」も例外的な使い方ではありません。すべて状況を受けているのです。

(4) a. **It**'s a fine day, isn't it?
　　今日は良い天気ですね。

　　b. **It**'s five kilometers from here to the station.
　　ここから駅までは5キロです。

　　c. What time is **it**? —— **It**'s 11 o'clock.
　　今何時でしょうか？ —— 11時です。

　晴れ上がった空を見上げて、その状況を受け「・良い天気ですね」。ここから駅までの道のりを思い浮かべて「・5キロですよ」。時間を尋ねられて「・11時です」。すべて状況をitで受けて文を始めているにすぎません。

　③の形式主語・形式目的語の使い方は、私が説明するまでもないかもしれません。この形は単なる「後追い説明」の例だからです。(4)-bをもう一度考えてみましょう。話し手は駅までの道のりを思い浮かべ「・5キロですよ」。でもそれでは何が「5キロ」なのか聞き手にはわからないかもしれません。そこでfrom here to the station（ここから駅までは、ね）と後追い説明をしているのです。
　後追い説明はitの文に頻繁に見られる形です。

(5) **It**'s been a while <u>since I came here last</u>.
　　最後にここに来てから久しぶりです。

　最後に来てから経過した時間を思い描き、「・久しぶりです」、そして「ここに最後に来てから」と後追いしています。もう少し例を足しておきましょう。

(6) a. **It**'s pleasant <u>here in the mountains</u>.
　　山の中は気持ちがいいよ。

　　b. **"It** doesn't appeal to you, <u>my offer?</u>" She was still staring at him, scanning his face.
　　あまり魅力的ではなさそうね、私の提案?　彼女は彼の顔色を窺いながらジッと見つめていた。[34]

「・気持ちがいいよ」と述べた後「ここ山の中はね」。「・あんまり魅力ないようね」と言った後、「私の提案」。itの後追い説明は、itがその意味の希薄さが故に説明を呼び込む、大変ポピュラーな形なのです。

　さて、形式主語の文も——もちろん——後追い説明のひとつです。

(7) **It**'s difficult to speak English.
　　英語を話すことはむずかしい。

　この文で、話し手は心に浮かべた状況をitで受け、「・むずかしいんだよ」と文を話しています。ただそれでは何がむずかしいのかわからないため、to不定詞で後追いしている、それだけのことなのです。

■

　英語にはピッタリした日本語訳の存在しない単語があり、日本語訳による学習には限界がある。当たり前のことです。英語は日本語に訳されるために存在しているわけではないからです。日本語を超えたイメージによる理解が大切なのです。

---

[34] *Micro*, Michael Crichton and Richard Preston, HarperCollins

8
イメージを使って
文法事項を理解する

　イメージとは「表現」の中心となる像のことです。表現の核からすべてを合理的に説明しようとするその手法は、「単語」だけでなく、あらゆる「表現」に使うことができます。

　ここでは「時表現」を2つ選び、イメージによる説明を試みましょう。時表現は複雑な文法事項ですが、表現であることに変わりはありません。これまでご紹介した「単語」と同じように扱うことができるのです。

8-1 過去形

　過去形とは「過去」を表す形です。ですが英語には現在完了形（have＋過去分詞）があり、2つを使い分けるにはこの形のもつイメージを深く理解する必要があります。

　過去形のもつイメージは「遠く離れた」。現在と切り離された、距離を感じさせる形です。次の文を比べてみましょう。

過去

現在完了

(1) a. It **started** raining.
　　 雨が降り始めました。

　 b. Look. It**'s (=has) started** raining.
　　 見て。雨が降り始めました。

　aの過去形は「あのとき雨が降り始めたね」と遠い出来事を眺める心持ちで使われています。一方、bの現在完了形は、今し方降り始めたことを表しています。日本語訳は重なっても、心持ちはちがうのです。も

うひとつ例を挙げましょう。

(2) a. Where **did** I park my car?
　　　クルマをどこに停めたのだろう？
　 b. Where **have** I **parked** my car?
　　　クルマをどこに停めたのだろう？

　ショッピングモールでの買い物の後の発言です。日本語訳は同じです
が、aはモールにやってきた過去の行動を思い起こしています──「あ
のときどこに置いたのだろう」。一方bは「クルマは今どこにあるのだ
ろう」に意識の力点があります。[35]
　過去形の「遠く離れた」イメージはその使い途を、過去を表さない使
い方に大きく広げます。

① 丁寧表現

　過去形は丁寧表現に多用されますが、それは過去形のもつ距離感が、
丁寧表現に必要とされる距離を実現するからです。丁寧さは発言の真意
をオブラートで包み、語数を費やし、距離を取ることによって生まれま
す。

(1) a. **Lend** me some money.
　　　お金をいくらか貸しなさい。
　 b. **Can / Will you** lend me some money?
　　　お金をいくらか貸してくれない？

　bは「丁寧」と呼ぶには足りない表現ですが、aの命令文と比較すれ
ばマシに響きます。それはcan（能力）・will（意志）を尋ねることによ

35　「英文法をこわす」（大西泰斗、NHK出版）

154

って「お金を貸してほしい」という真意とやや距離を取ることにより実現されています。

(2) **Could / Would you** lend me some money?
お金を貸していただけますか？

can、willの過去形、could、wouldを用いると丁寧度は大きく上がります。[36] 過去形がなぜ丁寧さを増すのでしょうか。実は、過去形は単独でも丁寧さに結びつきます。

(3) I **hoped** you **could** lend me some money.
お金をいくらか貸していただけるといいのですが。
（I **hope** you **can** lend me some money.）

過去形のhopedの文には揉み手をするような慇懃（いんぎん）さが感じられる一方、現在形のhopeには厚かましさが感じられます。過去形の距離感が要望から「退いた」印象を与えるのに対し、「望んでいます」の現在形には強い圧力が感じられるのです。[37] Could / Would you 〜?も同じです。

---

36 丁寧度が「大きく」上がるとしましたが、丁寧さを強く印象づけたいならさらにpleaseが必要です。
37 イギリスの一流百貨店やホテルなどでは、販売員からHow much *did* you want to spend, sir?（ご予算はいかほどでしょうか？）などと過去形で問われることがよくあります。「過去形＝丁寧」は一般的な図式なのです。

「今・ここにある要望」から過去形で距離を取ることによって圧力を減じているのです。

　もののついでにCould / Would you〜？よりもさらに、丁寧な文をご紹介しましょう。

(4) I **was wondering if** you could lend me some money.
　お金をいくらか貸していただけるとありがたいと思っているのですが。

　wonder（〜かしら）は、頭の上に「大きな？（クエスチョンマーク）」が浮いていることを表す動詞。つまりこの文全体は独り言の体裁を取っています。相手に働きかけさえしない——依頼から極端に距離を取っているのです。さらに過去進行形が「過去に短期間思っていただけです」と相手への圧力を最小限に留めています。幾重にも張り巡らされた工夫がこの文に高い丁寧度を与えているのです。

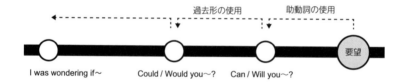

② 助動詞過去形の「控え目」

　過去形の距離感は「控え目」な表現にもつながります。次の対比を眺めてみましょう。助動詞の過去形could、would、mightは過去の出来事を表しているわけではありません。can、will、mayの控え目バージョンとして機能しています。

(1) a. Chris **can / could** fix it.
　クリスならそれを直せるよ・直せるかもね。
　b. This **will / would** be my 8th trip to Japan.

これは日本への8回目の旅行です・旅行じゃないかな。

   c. I **may** / **might** have a quick drink with Chris on my way home.

   うちに帰る途中、クリスと一杯飲むかもしれません・ひょっとして一杯飲むかもしれません。

　助動詞のもつ強い意味から、過去形を使って距離を取って控え目なニュアンスへ。過去形は過去を表すだけの形ではないのです。

③ 仮定法

「事実ではない・可能性が著しく低い」――文に反事実のニュアンスを添える仮定法も、距離感に基づく形です。

(1) a. I wish I had a sports car. 【過去形】

   （実際に所有してはいないが）スポーツカーをもっていたらなぁ。

   b. I wish I hadn't eaten so much. 【過去完了形】

   （実際には食べてしまったのだが）そんなに食べなければよかったなぁ。

　現在の内容を反事実として述べるなら過去形、過去の内容なら過去完了形と、時表現を過去方向にバックシフトする――それが仮定法の作り方です。仮定法はあり得ない内容を述べる形。この「現実離れ」を本来の時表現から距離を取ることによって表しているのです。

過去形

反事実なら距離を取って…

現在

過去完了形

反事実なら距離を取って…

過去

157

if節を使った仮定法の例も見てみましょう。

(2) If I were you, I would listen to your parents' advice.
もし私があなたなら、ご両親のアドバイスに耳を傾けるでしょうね。

If I were you とバックシフト。[38]「私」は「あなた」ではあり得ないため「現実離れ」の仮定法となります。結びの節のwouldはwillの控え目表現。仮定法の結びでは過去の助動詞が使われますが、それはあり得ない前提を持ち出しているのにwillで力強く断言することはできないからです。wouldで「（もし〜なら）……だろうなぁ」とゆるく結ぶのです。

仮定法はそれほどむずかしい形ではありません。過去形のもつ距離感、時表現の表す距離感を理解し「現実離れ」の意識とシンクロする、大切なのはそれだけのことなのです。

いかがでしたでしょうか。「過去形」は単語ではありませんが、表現に変わりはありません。fineやonなどと同じように、核となるイメージを中心にその使い方が広がっているのです。次は「完了形」について考えてみましょう。

8-2 完了形

完了形も過去形と同様に、核となるイメージが広がることによってさまざまな使い途を獲得しています。まずは現在完了形から解説しましょう。

---

[38] 仮定法では、be動詞は単数主語であってもwereとするのが標準です。これは仮定法で特別な形が用いられた名残。現在は単にバックシフトしたwasも、特に会話ではポピュラーです。

① 現在完了形

　現在完了形のイメージは「（今に）迫ってくる」。「遠く離れた」過去形とは異なり、現在に焦点が置かれた形です。お馴染みの「4用法」①完了②経験③継続④結果は、すべてそこから派生します。

(1) a. Look. It**'s (=it has) started** raining.　　　①
　　　見て。雨が降り始めました。

　 b. I**'ve been** to Kyoto.　　　②
　　　京都に行ったことがあります。

　 c. We**'ve been** friends for many years.　　　③
　　　私たちは長年友人です。

　 d. Don't worry. I**'ve cleaned** your room.　　　④
　　　だいじょうぶ。あなたの部屋は片付けておきました。

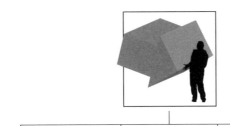

①完了 ②経験 ③継続 ④結果

　「完了」は直近で起こった出来事を表す使い方。**a** は「降り始めた」が手元で感じられていることを表しています。「"今"に迫ってくる」にピッタリな使い方です。

「経験」とは、過去の経験を今現在に引きつけて語ること。「"今"に迫ってくる」を表す現在完了形が、**b**のように経験を表すのは不思議なことではないでしょう。

cの「継続」も大変よく使われます。「過去から今まで同じ状況が継続する」ことを表していますが、過去から視線が現在に向かっているのです。

「結果」は過去の出来事がもたらす現在における結果に焦点が当たっています。**d**は「今日友達が急に来ることになって。部屋汚いんだけど……」と心配する息子に母親が答えています。Don't worry.（だいじょうぶ）が示すように、母親は「部屋は今キレイですよ」と言っているのです。「過去に掃除した→だから今はキレイ」と、過去の出来事を今に引きつける——やはり「"今"に迫ってくる」現在完了形の得意とするところです。

もちろん、現在完了形の使い方がこの4つに分類できると言っているわけではありません。イメージの手法で「4用法」を簡単に派生できることを示しただけのことです。現実の現在完了形は「用法」を超えて豊かです。

(2) a. I**'ve obviously read** your resume, but, to get us started, please tell me a bit about yourself.
履歴書を当然拝見したわけですが、面接を始めるに当たってご自身について少し教えていただけませんでしょうか。

b. The first resort that our friends recommended to us was fully booked, so now we**'ve chosen** a place called "White Beach Paradise."
友達が薦めてくれた最初のリゾートは予約満杯で、「ホワイト・ビーチ・パラダイス」っていう場所にしたんだよ。

c. I'm happy to tell you that you **have been selected** to work for our company.
わが社の社員として採用されたことを喜んでお知らせします。

aには「あなたのことは履歴書からよくわかっているのですが」、**b**には「今はそうした心づもりでいるのです」、**c**には「あなたはすでに採用されています」が言外に響いています。理屈をこねれば「結果用法」と言うこともできますが、それでこうした言い方ができるわけではありません。大切なのは現在完了形が「"今"に迫ってくる」、現在に焦点のある形だと理解すること。用法ではなくイメージを摑むこと。それができれば現在完了は早晩みなさんのものになるはずです。

② 過去完了形・未来完了形

　現在完了形の「"今"に迫ってくる」は、完了形のもつ「ある時点までに」のイメージが現在と結びついています。このイメージが過去あるいは未来と結びつくと過去完了形（had＋過去分詞）・未来完了形（will have＋過去分詞）のイメージとなります。

(1) a. I **had** never **used** a smartphone before I <u>bought</u> one last year.
　　私は去年買う前はスマートフォンを使ったことがありませんでした。

　 b. I**'ll have finished** my homework by ten.
　　私は10時までには宿題を終わらせます。

　過去完了形は、過去のある時点に焦点があり「そのときまでに」起こった出来事について述べる形です。過去に目をやり、その時点から過去に向かって視線が遡っていきます。**a**ではbought oneした（スマートフォンを買った）「時点までに」と視線はさらに過去に向かいます。

　過去完了形のトリガーとなるのはこの、視線の遡行です。出来事が過去から現在に向けて順序よく並べられているときに過去完了形は使うことができません。

(2) I woke up, washed my face, brushed my teeth, and <u>had</u> breakfast.

私は起床し、顔を洗い、歯を磨いて朝食を食べた。

woke up, washed, brushed... は had breakfast よりも前の時点で行われていますが、過去完了形は使うことができません。

未来完了形もやはり、典型的には未来の一時点が意識され「そのときまでに」の形。[39] **b** では「10時」の時点から振り返り「そのときまで」となります。

さて、これで完了形のもつ使い方をおおよそ示したことになります。

イメージは、意味における「基本文型・説明ルール・指定ルール」です。これらの単純な語順則が英語文の形を理解するためのエンジンであるのと同様に、イメージは表現の意味を理解するためのエンジンです。「表現」である限り、それが伝統的には文法の項目であったにせよ、この考え方を使って学習負荷の少ない合理的な説明を行うことができます。

英語には――文の形であっても、表現であっても――一貫した理路があり、すべては美しく調和しています。その合理的な美しさを見つけ出し、愛で、同時に畏怖すること。それが私の仕事の日常なのです。

---

[39] 「will have ＋過去分詞」は、未来完了形と呼ばれていますが、これは誤称の一種だと私は考えています。will は未来に限らず「見通す」感覚を伴うなら現在の状況にも使うことのできる助動詞(p.137)であり、この形でも現在について述べることがあるからです。They *will have arrived* in Los Angeles by now.（彼らは今頃ロサンゼルスに到着しているだろう）。

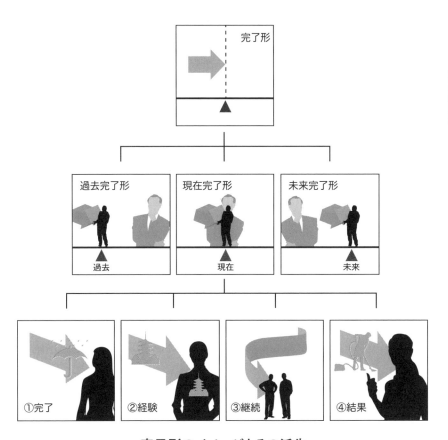

完了形のイメージとその派生

　この章では、日常的な表現について日本語訳ではいかに足りないのか、という話をしてきました。そもそも日本語訳で捉えられないものを日本語で覚えている、日本語への翻訳の仕方だけを学んできた——それが私たちが「話せない」大きな理由なのです。

　私には、ここに至って大きな疑問が生まれています。私たち日本人は長らく「読解力がある」ことを自負してきましたが、本当にそうなのでしょうか。もしかすると、その「読解」は英文のうわべをなでた程度のものかもしれません。ここで、文を読んでいただきましょう。果たして、私たちの「読解力」はネイティブスピーカーのそれに比肩しうるのでしょうか。

(1) A few neighbors drove by, **looking at** the house quickly and **looking away**. A murder house is **ugly** to the neighbors, like the face of someone who betrayed them. Only outsiders and children **stare**.

付近を通りかかった近所の人たちは、ちらっと見るなりその家からすぐに視線を逸らせた。殺人事件の舞台となった家は、裏切り者の顔のように正視に耐えないものであったからだ。よそ者と子どもたちだけがまじまじと眺めるのであった。

—Thomas Harris: *Red Dragon* pp.12-13

殺人事件の舞台となった家の描写です。

この短い文章には実に4つの「見る」が使われ、悲劇に見舞われた家が浴びるさまざまな視線が鮮やかに交錯します。まず looking at と looking away。「目をやりすぐに目を離す」。交流のあった近所の人たちがつい視線を送ってしまい、それに耐えられず目を離す。その心情が伝わります。次の「見る」は形容詞 ugly。この単語の選択は私たちにはなかなかできません。

ugly は「醜い・不細工」だけでは理解が足りません。ugly sky は目にするのも嫌な、嵐が来そうな空模様のこと。この単語の中心にあるのは「見たくもない」なのです。そして最後の stare。

stare の日本語訳は「じっと眺める」ですが、それではこの単語がここに使われた理由がわからないでしょう。stare は「目が大きく開いた」様子を示す、好奇心や威嚇と直接つながった単語。近所の人たちが目を逸らす家を、関わりのなかったよそ者や子どもたちは「あれだよ、アレ！」と好奇の目をギラつかせて見ているのです。実に生々しい絵が浮かんでくるはずです。

looking at the house quickly → looking away → ugly と目線を中心に紡いできた文章が、強烈な stare という単語で、いささか文のバランスを欠きながら断ち切られる。巧みなニュアンスとリズムのコントロール。突然の断絶が生み出す緊張と余韻。この何気ない一文はプロの技巧の上に成り立っているのです。

もちろん小説家ならこの程度は当たり前のこと。三島由紀夫も石原慎太郎も村上龍も同等以上の技術を常に駆使しています。私たちが彼らの小説を読むのは、そこに愉悦があるからです。大意以上はわからず日本語の小説と同等の感慨がないとすれば、英語を深く読めているとは言えません。

日本語訳を超えること。「読解はできる」などと驕らず、深く英語を知る努力を続けて初めて英語は自分のことばとなってくれる——私はそう思います。

第 **4** 章

▼

英会話の学習

私たち日本人が英語を話せない原因は、英語ではないものを学んできたことにありました。そして処方箋は、英語を翻訳するための文法を捨て語順を学び、頻用される表現については日本語訳以上のイメージを学ぶことにあります。

　ただこうした学習だけで英会話ができるようになるかといえば、そうではありません。私たちの英語教育は、長らく英文読解を中心に据えてきました。そのため英会話をどう学ぶのか、どう教えるのか——その方法論はまともに考察されたことがないのです。「英語を聴いているだけで話せるようになる」といった、一笑に付されるべき考え方さえまことしやかに語られるのはそのためでしょう。ここからは、マンパワーとアイデアが必要です。多くの研究者、教育者が力を合わせ何もないところから始めなくてはなりません。

　この最終章では、私が今のところ最善だと考える、文法・イメージの後、あるいは同時に行われるべき英会話学習の方法を素描していきます。

1

会話の本質とは？

　私は普段、大学その他で英会話を担当することがありますが、そこでいつもお願いしているのは、可能な限り多くの自然な文を覚えることです。それは、会話では「英作文ができない」からです。

　会話で英作文ができないのは、そんなことをしている時間は会話にはないということがひとつ。そしてもうひとつ、さらに重要な理由は、英作文では自然な英文が作れるかどうか疑わしいことにあります。もちろん「伝わればいい」程度ならできないこともありませんが、自然で流暢

な会話は望むべくもありません。

　ことばは紙幣と似ています。私たちは、「子ども銀行券」を手にすると
すぐに本物ではないことがわかります。肖像画が少しちがう、手触り
がちがう、とにかく変な感じがする——毎日使う手に馴染んだものに、
私たちは大変鋭敏な感覚を備えており、些細な「何かがちがう」が大き
な違和感につながります。考えてみれば、ことばほど「手に馴染んだも
の」はありません。理屈や文法の上では成り立つ英文も、ネイティブス
ピーカーが慣れ親しんだ言い回しでなければ不自然に響きます。会話で
使われる文は——それが日常的な文であればあるほどスイートスポット
は狭く、その場の英作文で捉えることはできません。「私たちはそうは
言わない」の壁に跳ね返されてしまいます。[40]

　実は、リスニングも同じことです。私はしばしば「リスニングを伸ば
すためにはどうすればいいのか」という質問を受けますが、やはり「な
るべくたくさんの自然な文を覚えてください」とお願いしています。

　私たちがリスニングを行う状況は、常に理想的な状況とは限りません。
たとえば電車の中。さまざまな雑音があり、相手の発言の一部が聞こえ
ないことも珍しくはないでしょう。ですが、会話がそれで断絶するでし
ょうか？　いいえ。相手の音声が一部途切れても私たちは正しく理解し
て会話を続けることができます。それは私たちは音声だけを追っている
わけではないからです。聴き取りと同時に「予測の網」を広げているか
らです。相手の言ったことを手がかりにして次のことばを予測し、音声
が聴き取れなくても補完して理解するからこそ、電車で会話などという
離れ業ができるのです。

　「この状況ならこんなことを言うはずだ」「この単語が出てきたら次は

---

[40]　会話中、単純な内容を述べているにもかかわらず相手のネイティブが「ん？」と一瞬考
える様子を見せたなら、それは彼らの標準から外れた言い回しを使った可能性が非常に高い
でしょう。それが会話の厳しさなのです。

こうだろう」といった予測が成り立つのは、自分もその言い回しを知っていることが前提になります。だからこそ、私は「なるべくたくさん覚えてください」とお願いしているのです。

　スピーキングとリスニングは、会話の本質の表と裏です。会話の本質とは「私たちは共通のリソースを使って会話している」ということ。同じ貯水池から同じ水をくみ上げて会話をしている、と言ってもいいでしょう。ネイティブスピーカーたちがもつ共通の貯水池にアクセスしなければ、口にする文には違和感が残り、耳にする文はなかなか理解できないということになります。

2

会話のリソース

「共通のリソース」には、決まり文句・頻用フレーズ・文全体の形など、ありとあらゆるものが含まれています。次の会話例を御覧ください。無理矢理英作文したような文は一切なく、誰もが知っている、よく使う、当たり前の表現が連なっているにすぎません。これが会話の標準的な姿です。

---

(1) 少女と少年の会話です（下線が頻用表現を表し、点線は付随する要素を示します）。

Girl: Ben, did you talk to Akira@ today?

Boy: I saw him earlier. He looked different.ⓑ

Girl: Didn't he?ⓒ He's wearing stylish clothes ⓓ today.

Boy: Yeah, I wonder why.ⓔ

Girl: Guys don't change their fashion for no reason.ⓕ It's obviousⓖ that he's hiding something.ⓗ

Boy: Do you thinkⓘ he's trying to impress someone?ⓙ

Girl: Of course.ⓚ The question is,ⓛ who?

Boy: Maybe it's you.ⓜ

Girl: Me? But he knows I'm dating youⓝ now.

Boy: Yeah, and I don't thinkⓞ he's happy about it.ⓟ

少女：ベン、あなた今日、アキラと話をしたかしら？

少年：彼には少し前に会ったけど。普段とちがって見えたよ。

少女：そうよね。彼って今日はおしゃれな服を着ているのよ。

少年：ああ、でもなぜだろう？

少女：男の人って、理由もなくファッションを変えたりなんかしないわ。彼が何かを隠しているのは明らかよ。

少年：誰かにいい印象をもってもらおうとしていると思うのかい？

少女：もちろんよ。問題は、それが誰なのかってことね。

少年：たぶん、それは君だろうね。

少女：私ですって？　でも、彼は、私が今あなたと付き合っていることを知っているのよ。

少年：ああ、だから彼はそれが気にくわないんだろうね。

　ⓐ～ⓟは、ネイティブスピーカーなら誰でも無数に口にしたはずの言い回しです。日本語に置き換えて考えれば、どれほど陳腐な表現が重なっているかがわかるでしょう。

ⓐ「～と話した？」。

ⓑ「～はちがって見える」。

ⓒ「そうじゃない？」。日本語でも同意を求めるときにしばしば使う、否定疑問文です。

ⓓ「～を着ている」。

ⓔ「どうしてなんだろうね」。

ⓕ「ファッションを変える」「理由なく～しないさ」。

ⓖ「～は明らかだよ」。

ⓗ「何か隠している」。

ⓘ「～だと思いますか？」。

ⓙ「～によく思われようとしている」。これもよく使う言い回しでしょ

う。

ⓚ 「もちろん」。

ⓛ 「問題は〜」。

ⓜ 「君だよ」。

ⓝ 「〜だと知っている」「〜と付き合っている」。

ⓞ 「〜だとは思いません」。

ⓟ 「〜は…で満足している」。

これらはすべて「共通のリソース」の中に入っている表現であり、創意工夫で編み出されたものは何ひとつありません。思いついたそばから口が動く、当たり前の表現です。会話は多かれ少なかれこうした表現の交換です。だから滑らかに、考えることなく、半ば自動的に続くのです。

次はビジネス英語の会話例です。ここでも文は、「共通のリソース」の組み合わせでできています。

(2) フランクのもとに取引先のシェリルから電話があり、秘書がフランクに取り次ぎます。

Secretary: Frank, I have a Ms. Cheryl Harris on the line.ⓐ

Frank: Oh, good. Put her through.ⓑ Hello, Ms. Harris. Thank you for your email.ⓒ I'd be most interested inⓓ meeting you to discuss your project.ⓔ

Cheryl: I'm delighted to hear that.ⓕ Please call me Cheryl,ⓖ by the way.ⓗ When would be convenient for you?ⓘ

Frank: Well, I have a lot onⓙ this week, so how

第4章 英会話の学習

	would one day next week suit you? (k)
Cheryl:	I'm free on Wednesday... (l) or Friday, if you prefer. (m)
Frank:	Wednesday works for me. (n) Shall we say lunch on Wednesday, (o) then?
Cheryl:	Fine. What time shall we meet? (p)
Frank:	How about 1:30 at Santorini's? (q)
Cheryl:	Sounds perfect. (r) That's one of my favorite restaurants. (s)
Frank:	Good. OK, I look forward to seeing you soon, (t) Cheryl.
Cheryl:	I'm looking forward to meeting you, too. (u) I'm sure (v) you'll like my new project. (w) Goodbye. (x)

S：フランク、シェリル・ハリスという人から電話です。

F：ああ、それはいい。つないでくれるかな。こんにちは、ハリスさん。メール、ありがとうございました。ぜひお目にかかってそちらのプロジェクトについてお話ししたいのですが。

C：そう言っていただけると大変うれしく思います。ところでこれからはシェリルとお呼くださいね。ご都合はいつごろがよろしいでしょうか？

F：そうですねぇ、今週はやるべきことがたくさんありますので、来週のいずれかの日というのはいかがでしょうか？

C：そうですね、水曜日は時間がありますが……または金曜日でしょうか、そちらのご都合がよければ。

> *F*：水曜日でだいじょうぶですよ。それでは水曜日にお昼でもご一緒しましょうか？
>
> *C*：いいですね。何時に会いましょうか？
>
> *F*：サントリーニで1:30ではどうでしょう？
>
> *C*：いいですね。そこは気に入っているレストランのひとつなんですよ。
>
> *F*：それならよかった。お目にかかるのを楽しみにしていますね、シェリルさん。
>
> *C*：私も。新規プロジェクト、気に入っていただけると思いますよ。では。

　先ほどよりもやや複雑な表現が用いられてはいますが、仕事をしたことがあれば誰でも使ったことのある、ありきたりの言い回しの組み合わせです。これもその陳腐さを日本語で確認するだけで事足りますが、文法・イメージの説明も加えておきましょう。

ⓐ **I have a Ms. Cheryl Harris on the line.**

「〜からお電話です」。I have 〜 on the line. は常套句です。on the line は「線のon」。「電話回線の上」ということ。

ⓑ **Put her through.**

「つないでください」。put 〜 through も常套句です。「込み入った回線を通して」がthrough（「〜を通して」の位置関係を表す前置詞です）の使用につながっています。

ⓒ **Thank you for your email.**

「ありがとうございます」。for は「向かって」の位置関係を表す前置詞。どこに「向けて」お礼を言っているのか（理由）をforが示しています。

ⓓ **be most interested in 〜**

「〜にとても興味がある」。most はvery と同様の強調。他と比較しているわけではないためthe は使われていません。be interested in（〜に興味がある）はフレーズ。

ⓔ meeting you to discuss your project

「あなたと〜について話し合うために会う」。少し長いフレーズですがこれに類したことを言ったことのない大人はいないでしょう。meeting you（動詞句）を後ろのto不定詞が説明します。「会う」の説明なら「〜するために（目的）」が普通でしょう。discussは他動型で用いられます（他動詞）。トピックに攻撃を仕掛ける積極的な意味合いから。

ⓕ I'm delighted to hear that.

「〜を聞いてうれしく思います」。丸ごとしばしば用いられます。主語の感情を表すときには過去分詞を用いるため、be delightedとなります。感情を表す動詞はいずれも他動詞。delightは「喜ばせる」、exciteは「興奮させる」、disappointは「落胆させる」、pleaseは「喜ばせる」。そのため主語の感情を表すときには「喜ばせられた→喜んだ」のように過去分詞を使うのです。

ⓖ Please call me Cheryl, 〜

「どうか私をシェリルと呼んでください」。目的語説明型の頻用表現。

ⓗ by the way

「ところで」。フレーズです。元の話題の流れ(way)の「そばの(by)」脇道に入ることから、このフレーズとなっています。

ⓘ When would be convenient for you?

主語を尋ねるwh文。主語位置にwhenを置き、「いつが」としています。主語を尋ねるwh文は疑問形を伴いません。そのまま主語位置にwh語を置きます。またwouldを用いて丁寧な感触を加えています。

ⓙ I have a lot on 〜

「やるべきことがたくさんあります」。頻用表現。I have a lot on my plate. とも表現します。plateは「皿」。「目の前にたくさん盛り付けられている」ということです。

ⓚ **How would one day next week suit you?**

「来週の日取りのご都合はいかがでしょう？」。suit（好都合である）を用いた頻用表現。「どのくらいご都合がいいでしょうか」が直訳となります。

ⓛ **I'm free on Wednesday～**

「～には空いています」。この使い方をしたことのないネイティブスピーカーは存在しないのではないでしょうか。

ⓜ **or ... if you prefer**

「もしくは～、もしそちらの方がお好みなら」。相手に選択肢を示した後に if you prefer（～をより好む）。

ⓝ **Wednesday works for me.**

「～で構いません」。work for は「（日時・予定が）都合がよい」を表す定番表現。

ⓞ **Shall we say lunch on Wednesday,～**

「水曜日はいかがでしょうか？」。say は「（ことばを）言う」。「～と言いましょう＝～ということにしましょう」と、相手の意向を伺いながら提案するときにも使います。

ⓟ **What time shall we meet?**

「何時に会いましょうか」。shall we（～しましょう）には相手の手を取るような温かな感触が籠もります。

ⓠ **How about 1:30 at Santorini's?**

「サントリーニに1:30でどうでしょう？」。how about～は軽い提案を表す定番表現。about の後ろにはこのような名詞の他、動詞 -ing 形や節も使うことができ、その便利さが際立つ表現でもあります。

ⓡ **Sounds perfect.**

「完璧です」。(That) sounds perfect. と主語が省略されていますが、こ

の文は説明型オーバーラッピングの形です。基本はbe動詞と同じ「＝」を表しますが、実質的な意味を伴った動詞sound（聞こえる）が使われているため「<that>=perfect（に聞こえる）」とsoundの意味が文全体にオーバーラップします。look（見える）、sound（聞こえる）、taste（味がする）、smell（においがする）、feel（感じる）などの知覚系の動詞とのオーバーラッピングは大変相性がよく、高い頻度で使われます。

Ⓢ **one of my favorite restaurants**

「お気に入りのレストランのひとつ」。「one of ＋複数形」は、日常頻用されるコンビネーション。ofはイメージがもっとも希薄な前置詞。「of ＋名詞」は、単に名詞で前の語句を説明する感触で使われます。one（ひとつ）を of my favorite restaurants で説明しているのです。

Ⓣ Ⓤ **I look forward to seeing you soon〜**
I'm looking forward to meeting you, too.

「まもなくお目にかかるのを楽しみにしています」。look forward to は「〜を楽しみにしている」、相手に喜びを伝える定番表現。必ず覚える必要があります。to は前置詞であるため seeing と動詞 -ing 形が用いられています。もちろん look forward to the concert（そのコンサートを楽しみにしている）など、通常の名詞も使われます。次の文では、同様の趣旨を繰り返し too を付け「私も〜です」を表す定番の受け答え。

Ⓥ Ⓦ **I'm sure〜**
〜you'll like my new project.

「気に入っていただけると思います」。文全体は be sure（確信している）の後ろに節を置き何が sure なのかを説明する、リポート文の形です。「説明ルール：説明は後ろに置く」の作り出す典型的な形です。you'll like〜は「気に入っていただけることでしょう」を表す定番表現。誰もが使ったことがあるはずの表現です。ここで出てきた will（「だろう」）には「そうじゃないかもしれない」といった不安定な感触はありません。未来をありありと「見通して」いるのです。

ⓧ**Goodbye.**

「さようなら」を意味する、ポピュラーな定番表現のひとつ。

　いかがでしょうか。会話文がいかに使い古された、当たり前の、誰もが知っており使ったことのある表現だけで構成されているのかがわかると思います。「これはよく使うなぁ」——そんな風に線を引いていくと、ほぼすべての文に線が引ける、それが会話なのです。当然です。会話の本質は話し手も聞き手も双方が共通リソースの下で話をすることにあるのですから。よほど複雑な議論をしない限り、創造的な単語のコンビネーションは出てきませんし、相手が応分の注意を払っているときにのみ許される逸脱です。

3

文法・イメージの役割

　英会話学習ではネイティブスピーカーのリソースにアクセスすること
が必要だと申し上げましたが、もちろん文法・イメージが不要だと言っ
ているわけではありません。

　ネイティブスピーカーたちにとって「リソース」は、文など大きなフ
レーズから成り立っていることが多いのですが、もちろん「作り方」
「意味・ニュアンス」が内包されています。上っ面だけを眺めて頭に入
れてみても、作り方も意味もわからなければ上手く使いこなすことはで
きません。そもそも記憶に定着させることすらできないでしょう。文
法・イメージの理解は、「大きなフレーズ」に進むための、欠かすこと
のできないプロセスなのです。また、フレーズはカタマリですがそれを
使って文全体を構成するには、依然として文法操作が必要であり、文法
学習の必要性は明らかです。

　先ほどの会話文解説では日本語訳だけではなく、文法・イメージ解説
を加えました。それにより、各フレーズの理解が深みを増し、自然と定
着に向かうことが実感できたのではないでしょうか。

　**文法・イメージを駆使しながら理解し、最終的にはそれらを意識せず
フレーズをカタマリとして操作することができるようになる**──それが
会話学習のあり方だと私は考えています。

4

音読・暗唱と、
状況別発言パターン

　フレーズなど、言い回しのリソースを手に入れるには、地道な積み重ねしか方法はありません。ネイティブスピーカーたちは毎日英語を使いリソースを強化しています。同じ能力をもちたければ、意識的な訓練は当然必要となります。ただし、ここから先は人それぞれです。「多少流暢に」を目指すなら負担の少ない形で学習を続けてもいいでしょうし、「ネイティブそのもの」を目指すならハードトレーニングも必要でしょう。文法・イメージを一通り終えた学習者なら、あとはニーズと目標に応じて学習スケジュールを立てればいいのです。

　「地道な積み重ね」の方法は、会話文や会話テキストの音読・暗唱、あるいは動画のシャドーイングなどがポピュラーなところでしょう。いずれもすばらしい理に適った学習法です。新しい表現は自分の口に「乗せてみて」初めて使い物になるからです。私たちが日本語の言い回しを獲得するのも、無意識のうちに復唱するといったプロセスを経ます。私もイギリスやアメリカにいるときには、自分で言えないタイプの言い回しに出会うと何度か必ず自分で繰り返しています。外国語を志すなら、視界に入ってくる・偶然耳にする英文を片っ端から頭に入れる、そうした習慣を身につけていただきたいと思います。十分な文法・イメージの学習が伴えば、驚くべき効果があるでしょう。

　ただ、そうした積み重ねの前に、あるいは併行してやっていただきたい学習があるのです。

　それは「状況別の発言パターン」の学習です。母国語話者は、特定の状況に対して使う標準的な発言パターンを（あまり意識はしていませんが）リソースの中に多数もっています。日本語でも相手に迷惑をかけたなら、

何も考えず「すみません」。何かやってもら
ったら「ありがとう」が出てきます。状況
と発言のそうした対応関係は会話におい
てもっとも基本的なものですが、多くの学
習者はその種類と数が圧倒的に足りません。

　さらに、特定の状況に対応する発言は1
種類とは限りません。多くの場合、状況に
応じて最適なものを取り出せるよう、同種
の微妙に異なるニュアンスをもつ発言パターンが「リスト化」しています。

　日本語での「謝罪」を考えましょう。私たちは相手に謝罪する際、リ
スト内の選択肢の中から、深刻さに応じて表現を選び取ります。軽い謝
罪は「すみません・ごめん・ごめんなさい」など。深刻な場合には「失
礼致しました・申し訳ありません・お詫び致します・お詫びの申し上げ
ようもございません・深く謝罪致します」。また特に畏まった場では
「〜に関して陳謝致します・〜について深謝致します」なども使われる
でしょう。それが「謝罪のリスト」です。

　リストは、普段の音読・暗唱学習ではなかなか身につきません。ある
状況で話し手が口にするのはリスト中の1パターンだけであり、実際は
他の表現と比べて選び取っているにもかかわらず、その選択のプロセス
は学習者にとってはブラックボックスとなるからです。

　「こんなとき何と言えばいいのか」──状況別の発言パターンは英会話
の核です。謝罪したいと思ったとき「ごめんなさい」が出なければ会話
にはなりません。この対応関係は謝罪だけでなく英会話の隅々まで覆っ
ていますが、これまで触れられたことはあっても深く考察されたことは
なく、学習の中心題材になったことはありません。ただ、学習されたこ
とがないだけに、体系的に学べば大きな会話力の伸びを期待することが
できます。[41]

---

[41] 「英会話　話を組み立てるパワーフレーズ　講義編」（NHK出版）では、広範な「状況別
の発言パターン」を紹介しています。

5

謝罪のリスト

みなさんは料理をすることがありますか。私は稀ですが、作るときにはレシピを調べその通りに作っています。レシピ通りですから格別においしいとは言えませんが、簡単で失敗もありません。「状況別の発言パターン」もそれと似ています。状況が与えられれば、リソースには材料と調理の仕方が載っており、苦もなく完成します。もちろんネイティブの会話上手なら、適宜アレンジを繰り出しながら極上の一品に仕上げることもできますが、最初はレシピをしっかりと身につけることが大切です。

まずは謝罪のリストをご紹介しましょう。どういった要素がどの様に使われるのか、料理のレシピを見るような心持ちでお読みください。

5-1 基本的な謝罪パターン

謝罪にはさまざまな表現がありますが、個々の表現と同じくらい大切なのは、英語のクセを知ることです。英語は「言語化」を好むことば。日本語とは対照的です。日本語が「秘すれば花」の、余計なことを言わないことばだとすれば、英語は細部に至るまで言語化することばなのです。[42]

42　言語化を好むことばと好まないことばがあることは以前から指摘されています。低文脈言語（文脈任せにせず言語化を好むことば）と高文脈言語（言語化を好まないことば）のちがいを深く考察した本に、文化人類学者 Edward T. Hall の著作 *Beyond Culture* があります。

謝罪の場合には、このちがいが大きく表れます。日本語なら「すみませんでした」で通用する状況であっても、英語では「理由」などを付け足さないと、ことば足らずの印象を与え、最悪相手の心証を悪くしてしまいます。

さて、それではいくつか謝罪の具体例を眺めてみましょう。

謝罪パターン① 謝罪 → 理由

(1) Sorry I'm so late.
謝罪 The traffic was really heavy this morning.
理由

すごく遅れてしまいすみません。今朝は道がひどく混んでたのです。

(2) I'm awfully sorry for the slow service.
Unfortunately, we are short-staffed this evening.

サービスが遅れて大変申し訳ありません。あいにく今晩はスタッフの人数が足りないのです。

謝罪のことばに「理由」を加えるパターンです。謝罪のことばだけで終わると、相手は「理由を聞かせてもらえないくらい私は軽視されているのかもしれない」と考えてしまうこともあります。謝罪のことばで終わらないことがとても大切なのです。(1)のSorry I'm so late. は、何がsorry（申し訳ない）なのかを後ろに置いた節が展開する説明ルールの形です。(2)はお客様に対する謝罪です。awfully（ひどく）が申し訳なさを強調し、礼儀正しい謝罪となっています。awfullyの代わりにterribly（ひどく）を加えてもいいでしょう。

unfortunately以下が「理由」。short-staffedは「人手不足の」。staffの人数が足りない（short）だということです。

謝罪パターン② 謝罪 → 約束

(1) **Sorry. It's my fault.** It won't happen again.
　　　謝罪　　　　　　　　　　　　　　約束

　ごめん。僕のせいです。もう二度とこんなことはしません。

(2) **I'm really sorry about that.** I guarantee that the problem will be solved very soon.

　それにつきましては、大変申し訳ありません。すぐに問題が解決することを保証致します。

　こちらも重要パターンです。「約束」が謝罪に加えられています。(2)は仕事上の謝罪です。問題解決を確約することにより、真摯な態度が伝わります。

　謝罪には「理由」「約束」以外にもさまざまな要素が加えられます。次の食事の誘いを断る状況を眺めてみましょう。

会社で偶然出会った顧客に食事に誘われて
Client: Can we have lunch today?
今日昼食を一緒にできますか？

(1) **I'm sorry, I can't.** I have a meeting now.

　申し訳ありません、できかねます。これからミーティングなのです。

(2) **I'm sorry.** I'd love to, but I have to make a presentation in 15 minutes, so I can't.

> *申し訳ありません。ご一緒したいのですがプレゼンが15分後に控えているため、むずかしいのです。*
>
> **(3) I'm sorry.** <u>I wish I could,</u> <u>but I have to make a presentation,</u> so I can't. <u>How about tomorrow?</u>
>
> *申し訳ありません。ご一緒できればいいのですが、プレゼンテーションをしなくてはならず、むずかしいのです。明日はいかがでしょうか？*

(1)では簡単ですが理由が述べられています。これが最低限の応答です。(2)はさらにI'd love to (=I would love to), but～によって、「願望」を加え好感度を上げています。(3)では仮定法I wish I could. 「[実際にはできないが]できたらいいのですが」で「願望」を表しているだけでなく、さらにHow about～?（～はいかがでしょうか？）と「代案」を加えています。ここまでできれば、会話上手。断られたことを不快に思う人はまずいません。

謝罪パターンだけでなく、ことばを尽くす、英語の基本的な態度を身に付けてください。

5-2 深刻な状況での謝罪パターン

「I'm sorry. では謝罪が足りない」と思ったとき、使われるのがapologize（謝罪する）という動詞です。sorryは「悲しい・残念です」と心の痛み全般を表す単語。「謝罪」に特化した単語ではありません。apologizeからはしっかり「謝罪」が響くのです。

謝罪パターン③　apologize を使う

(1) I apologize. I'll get you a new one.

　　　謝罪　　　　　　　　理由

　ごめんなさい。新しいのを買ってくるよ。

(2) Allow me to apologize. I'll make a new one right away.

　（オーダーをまちがえた店員が）謝罪させていただきます。新しいものをすぐに作りますので。

(3) Really? I do apologize. Let me check that again.

　（誤って多く請求してしまった店員が）本当ですか？　深くお詫び申し上げます。もう一度確認させてください。

　(1)は、友達の持ち物——たとえばカメラ——を壊してしまった状況。apologize を使って、sorry より一段上の謝罪を表しています。(2)はオーダーをまちがえてちがうものをもってきてしまった状況。allow（許す）が用いられ、「私が謝罪することをお許しください」という大変丁寧な謝罪となっています。(3)は誤って過剰に請求してしまった店員が謝罪している状況です。助動詞doを用いて謝罪の強調が行われています。こちらもしっかり慣れていただきたい形です。

　さまざまな謝罪のフレーズを取り上げましたが、ネイティブスピーカーたちにとってこれらはすべて、考えることなく「自動的に」口から出てくるフレーズ。すべてはリソースのリスト中にあるのです。私たちも流暢に話したければ、音読・暗唱などを通じて同じリソースをもたねばなりません。

6

初対面の挨拶のリスト

初対面の挨拶は誰でも緊張するものですが、リストを知っていれば問題なく切り抜けることができます。

6-1 初対面の挨拶：基本

初対面のパターン① 気軽な挨拶

(1) Hi. **Good / Nice to meet you**.
やぁ。お目にかかれてうれしいです。

(2) Hello, **I don't believe we've met**. My name's Chris.
こんにちは、今までにお目にかかったことはありませんね。クリスです。

まずは気軽な初対面の挨拶です。(1)は(It's) good / nice to meet you.を短くしています。答えはNice to meet you too.（私もそう思います）が標準的です。まずはここから覚えておきましょう。(2)は名前の紹介まで一気に進めるパターン。本題までコンパクトに進めることができます。I don't believe～は、「会ったとは思わない」。「会わなかったと思う」と従属節を否定するよりも、自然な形です。

> ### 初対面のパターン② フォーマルな挨拶
>
> (1) Hello. **It's a pleasure to meet you.**
> こんにちは。お目にかかれて光栄です。
>
> (2) Hello, I'm Chris. **How do you do?**
> こんにちは。私はクリスです。はじめまして。

　(1) では nice や good よりもはるかに「喜び」がしっかりと感じられる pleasure が使われ、フォーマルな感触の表現となっています。The pleasure is (all) mine.（こちらこそ）が適切な応答となるでしょう。the pleasure は「会えた喜び」、それが mine（私のもの）と述べているのです。(2) の How do you do? は「はじめまして」の定番表現です。大変丁重に響きますが古めかしく感じる人も多いでしょう。ですが断固としてこのフレーズを好む人々もいるため、外せない表現です。How do you do?（はじめまして）で応答しましょう。

　ここで取り上げたのは、標準的な初対面の挨拶です。決して言い淀まないようにリソースに入れておく必要があります。もちろんこうした挨拶だけでは相手に好印象を残すことはできません。「初めまして」と言っただけのことですから。もう一歩踏み込んだ印象深い挨拶を紹介します。

6-2 初対面の挨拶：応用

> ### 初対面のパターン③ 相手に印象づける挨拶
>
> (1) **Nice to meet you.** I've been looking forward to seeing you.

お目にかかれてうれしいです。実際に会えるのをずっと楽しみに
していました。

(2) Hello. **It's so nice to finally get to meet you in person.**
こんにちは。とうとう直にお目にかかることができてとてもうれ
しいです。

(3) Hi. **I've heard so much about you.**
やぁ、お噂はかねがね伺っています。

　いずれも単なる「はじめまして」よりも、相手の気持ちに引っかかり
を残すことができる挨拶です。(1)ではNice to meet you.に「出会いた
かった」という思いを加えています。I've(=I have) been looking〜は現
在完了進行形。「"今"に迫ってくる」現在完了形と動作を表す動詞-ing
形のコンビネーションで「現在までずっと行われてきた動作」を示しま
す。ここでは「ずっと楽しみにしてきた」ということです。

　(2)はIt's nice to meet you.にso（大変）、finally（とうとう）、get to
（〜する機会を得る）、in person（直に）といったフレーズが盛り込まれ、
やはり「出会いたかった」をしっかりと表現しています。実に行き届い
た文です。get toは「〜に到着する」という使い方が有名なフレーズで
すが、ここでも道のりの果てにto以下の結果になった——同じニュア
ンスが感じられています。in personは不可算名詞の使い方。冠詞がつ
いておらず複数形にもなっていない「裸」の形。具体的な「人」を想像
しているわけではなく、「直に対面する（というやり方）」を問題として
いるため、不可算扱いなのです。

　(3)は「あなたについてはたくさんのことを聞いてきた」という文。
日本語の「お噂はかねがね」に相当します。相手の話題が世間を行き交
っていることを述べ、いい気持ちにさせるフレーズです。こう言われた
とき私はNothing bad, I hope.（悪い噂じゃなければいいのですが）と

答えることにしています。ユーモラスな響きがあるので、機会があれば
お使いください。

　ここで挙げた「応用パターン」は、もちろん私が英作文したわけでは
ありません。定型表現としてすでにリソースの中に含まれています。長
さに負けずぜひみなさんのリソースにも入れておく必要があります。

7

約束のリスト

「～するよ」「必ず～します」――「約束」は毎日の生活の基本的な言語活動のひとつ。リソースにも数多くの表現があり、私たちはぜひとも習得する必要があります。

> ## 約束のパターン①　will を用いた約束
>
> (1) Can I borrow your drill? **I'll bring it straight back.**
> 　君のドリル借りていい？　すぐに返しますよ。
>
> (2) My apologies. **That will never happen again.**
> 　申し訳ありません。こうしたことは二度と起こしません。

「約束」でもっとも重要な助動詞はwill。willのもつ「意志」の使い方が約束につながります。「～しますよ」――日本語でもこの形は、軽いとはいえ、約束と認識されます。(1)のように約束すれば返さざるをえません。(2)は謝罪と約束のコンビネーション。ここではwillを短縮せずしっかりと誓約を行っています。

> ## 約束のパターン②　promise を用いた約束
>
> (1) This will be the last time I'm late for work,
> 　**I promise.**

仕事に遅れるのはこれが最後です、約束します。

(2) They **have promised me** that the machine will be fixed by the weekend.

彼らはその機械を週末までに直すと約束してくれました。

(3) I'll have a word with the manager, but **I can't promise anything.**

マネジャーにひと言話しておきますが、何も約束はできませんよ。

「約束」でもっとも重要な動詞は、いうまでもなくpromise（約束する）です。(1)のI promise.（私は約束します）は、すぐに覚える価値のあるフレーズです。また(2)のように誰かの約束をリポートする形にも慣れておきましょう。(3)のhave a wordは「ちょっと話をする」。I can't promise anything.は、「約束したでしょう？」と、言質を取られないための言い回しです。

約束のパターン③ 　固い約束

(1) I will resolve this matter immediately. **You have my word.**

この件はただちに解決致します。お約束致します。

(2) All repair work will be finished by the weekend. **I give my word.**

修理はすべて週末までには終わります。約束しますよ。

(3) Bill is a good, honest worker. **Take my word for it.**

ビルは働き者です。私が保証します。

固い約束を行うパターンです。(1)の You have my word. には promise よりもはるかに強い拘束が感じられます。誓いのことばを相手に渡すことにより、強力な契約関係が生まれます。(2)の I give my word. も同じです。現在形を使うことにより I apologize.（謝罪します）と同様の、現在同時進行で契約を行っていることが示されています。(3)の Take my word for it. は、「保証する」に対応する「約束」となります。固い約束には他に、swear（誓う）という動詞も使われます。

マナー違反を諫める
リスト

しばらく大きいリストが続いたので、小さい発言パターンもご紹介していきましょう。相手が場違いなことをしているとき、それを諫^{いさ}めるパターンです。

マナー違反を諫める

(1) **Don't be so rude.** Apologize to him right now.
そんなに失礼なことを言わないで。今すぐ彼に謝りなさい。

(2) **Watch your manners. You should never** talk with your mouth full.
マナーに気をつけて。決して、口をいっぱいにしたまま話をするべきではありません。

(3) This is **neither the time nor the place** to discuss business.
これはビジネスの話をするべき時でも場所でもありません。

(1)は礼を失した態度を諫める典型的な表現。You're being so rude.（あなたはとても失礼な振る舞いをしています）と言っても、同じ目的を達成できます。(2) Watch your manners.（マナーに注意しなさい）は、まとめて覚えてください。watchが「ジィッと見る→注意する」へ意味を広げています。mannersと複数形になっている

のは、マナー（礼儀作法）にはさまざまな種類があるからです。You should never〜（決して〜すべきではない）も相手を諌める定番フレーズ。I don't think you should〜とするとマイルドな印象となります。(3) のneither A nor Bは「AでもBでもない」。「時でも場所でもない」と言い切って、何をするべき時・場所なのかをto以下で展開。説明ルールが作る語順です。

9

気になる習慣を批判するリスト

相手の習慣が気になることは日常よくあります。

気になる習慣を批判する

(1) **You're always criticizing** everything. Give it a rest, will you?
君はいつもすべてを批判していますね。いい加減にしてくれませんか？

(2) **Why do you never** show your feelings?
どうして君はいつも感情を表に出さないのですか？

(3) **Why must** you be so negative all the time? Loosen up!
なぜあなたはいつもそんなに消極的なのですか？　リラックスして！

(1)は「あなたはいつも～してばかりいる」。日本語でも同じようなことを言いますね。進行形にalways（いつも）、constantly（絶えず）といった語句が使われるとこのニュアンスになります。(2)は「どうしていつも～しないのですか？」。alwaysが「いつも」の習慣を批判するのに対してneverは「いつもしない」ことへの批判です。(3)は「なぜ～しなくてはならないの？」、こちらも日本語訳同様のニュアンスです。

10

あるべき姿からの逸脱を指摘するリスト

「いつもの君とはちがいますよ」「あなたらしくない」、こう感じたときに自動的に出てくるリストです。

あるべき姿からの逸脱を指摘する

(1) What? You're giving up? **That's not like you at all.**
何？　あきらめるって？それはまったく君らしくないですね。

(2) **You should know better than** to trust Fred.
フレッドを信じるなんて愚を犯してはいけません。

(3) **As a teacher, you should be** boosting the students' confidence, not putting them down.
教師としてあなたは学生の自信を高めるべきなのです、貶すのではなく。

---

　(1)That's (It's) not like you. は覚えるべき定番表現。ここではat all（まったく）を使って強調しています。atは「点」を表す前置詞。「すべての点において」の意。(2)のknow better thanは「もっと分別がある・わきまえている」。better（よりよく）に相手の現状の至らなさが込められ、相手を叱責する際よく使われる表現です。(3)の「as～, you should be＋動詞-ing形」は「～としてあなたは～しているべきだ」。相手の立場を強調することにより、現在の行状を諫めています。

11

相手を褒めるリスト

相手を褒める

(1) **I knew** I could count on you.
あなたを頼れるとわかっていました。

(2) **You did it! I knew you had it in you.**
やったね！　あなたならできるとわかっていました。

(3) **You definitely have what it takes.** I think you're
a born leader.
あなたには絶対才能がありますよ。君は生まれながらのリーダー
だと思うな。

「よくやった」にはGreat job!（よくやった）など短い決まり文句も数
多くありますが、もう少し深い褒めことばをリスト化しておきましょう。
(1)は、頼りになることを「知っていた」。それが相手の資質を見通し信
頼していたことにつながり、相手に深い満足を与えます。(2)はまとめ
て覚えておきましょう。このフレーズは、何かを達成した人を褒める定
番表現。knewに加えてyou had it in you（あなたの中にit〈実現する
力〉があった）と資質への言及があるところがポイン
トです。(3)のtake は take time（時間がかかる）、
take effort（努力が必要）などで使われる take と同じ
です。達成したいことに必要とされるモノをもってい
るということです。

12

伝聞知識のリスト

　知識にはさまざまな種類があります。もっとも一般的な動詞はknow ですが、「〜と聞いたけど」と伝聞であることを明確にしたい場合もしばしばあります。

伝聞知識

(1) **I hear that** you like to go shopping.
君はショッピングに行くのが好きだと聞いています。

(2) **Did you hear about** Kathy and Dan's engagement?
キャシーとダンの婚約について聞きましたか？

(3) **Rumor has it (It is rumored) that** Jack is going to propose to Kaori very soon.
噂ではジャックはもうすぐカオリにプロポーズするようだよ。

(4) **(The) word is that** his company is going out of business.
彼の会社は廃業するという話だよ。

　伝聞知識の代表的な動詞は hear（聞く）。現在形が使われていることに注意してください。(1)は「聞いています」ということです。現在形は「広く成り立つ状況」を表す形。つまり一回限り耳にしたのではなく、人々から「ちょくちょく・しばしば聞いている」というニュアン

スなのです。(2)は「聞きました？」。相手の伝聞知識を確認する表現です。(3)のrumorは「噂」。確証がないときに使います。(4)のwordにはさまざまな使い方がありますが、ここでは「〜だという話だ」。内情に通じている感じが伝わります。

　リストはまだまだあります[43]が、キリがないのでそろそろ終わりにしましょう。最後に最大級の「提案のリスト」をご紹介します。ネイティブスピーカーのもつ繊細で大きなリストを実感してください。

---

43 「英会話　話を組み立てるパワーフレーズ　講義編」（前掲）

13

提案のリスト

「提案」は最大級のリストをもつリスト。このリストが大きいのは、「提案」には力加減の強弱があるからです。「絶対やらなければならない」と強く押すことも「やればいいんじゃないかなぁ」と軽く押すこともあります。まずは「強い提案」から始めましょう。

13-1 強い提案

> ### 提案のパターン①　強い提案①
>
> (1) **You'd better apologize, or else** you'll regret it.
> *君は謝った方がいい。そうしないと後悔することになるよ。*
>
> (2) **The only solution here is to** lay off some employees. **Otherwise,** we'll go bankrupt.
> *唯一の解決策は従業員を一時解雇することです。そうしなければ倒産してしまいます。*

　強い提案には強い表現が必要です。(1) のhad betterは「～した方がいい」ですが、「すぐに病院に行った方がいい」といった緊迫感溢れる状況で使われる助動詞類です。ここではさらにor else（さもないと）による「提案に従わなかった場合どうなるか」が示され、それにより提案の強度がさらに上がっています。(2)でも「唯一の解決策」の強度がotherwise（さもないと）によりさらに高まっています。「提案＋従わない場合の否定的な結末」のコンビネーション、しっかり覚える必要が

あります。

提案のパターン②　強い提案②

(1) **I see no alternative but to** put Dad in a nursing home. He needs full-time care.
お父さんを介護施設に入れる他はないだろう。彼には24時間介護が必要だ。

(2) **We'll have to** find a way to convince them. Any ideas?
彼らを説得する方法を考えなくてはならないでしょう。何かアイデアはありますか？

　(1)のalternativeは「代案・代わりの選択肢」。butは「〜を除いた」。「〜以外の選択肢はない」という非常に強い提案となっています。さらに「24時間介護が必要だから」と理由も与えられ、説得力のある発言となっています。(2)のWe'll have to（will have to）では、have to（しなければならない）が使われ、強い提案となっています。willは今後の成り行きに目をやっていることを表し、have toよりも、現在の事実として断言していない分円^{まろ}やかな印象でした。

13-2 標準的な提案

　次は標準レベルの強度をもつ提案です。日常よく使われるため「強い提案」よりも先に覚えておく必要があるかもしれません。

提案のパターン③ 標準レベルの提案①

(1) I suggest we <u>leave</u> very early in the morning. There'll be much less traffic then.
朝とても早く出発したらいいのではないでしょうか。交通量がはるかに少ないですから。

(2) I recommend you <u>open</u> the bottle an hour before serving. A good red wine needs to breathe.
（人に）出す1時間前にボトルを開けるのをお勧めします。いい赤ワインは呼吸をする必要があるのです。

(3) I think you should take that offer. It's unbeatable.
その申し出を受けるべきです。これ以上ない申し出ですよ。

　(1)のsuggestは「示唆する」といったむずかしい訳語を与えられることもありますが、「こうしたらいいんじゃないかなぁ」という気軽な提案を表す動詞です。(2)のrecommendは「勧める」。どちらの動詞も後ろに、動詞句の内容を説明する節を伴うリポート文の形を取りますが、節内部は(1)(2)のように<u>動詞原形</u>、あるいは「should＋動詞原型」が使われることに注意しておきましょう。提案の内容はまだ実現していないため、こうした形となるのです。(3)のI think you should（あなたは〜すべきだと思いますよ）は、You should〜よりもマイルドな表現。I thinkという主観要素が入るため穏やかに響くのです。

提案のパターン④ 標準レベルの提案②

(1) Why don't we split the bill equally?
お勘定は半々にしませんか？

(2) **Shall we** go out for dinner?
夕食を食べに行きませんか？

(3) **How about** asking Ken?
ケンに頼んでみたらどうだろう？

　標準レベルの強度をもつ提案はしばしば「お伺い」の形を取ります。相手の意見を尊重する疑問文という形が、相手への圧力を軽減するためです。(1) の Why don't we ～？は「～しませんか？」という気軽な提案。(2) の Shall we ～？は Let's ～（～しよう）のもつ相手をグイッと引っ張るような感触に対して、優しく手を取るような「～しましょうか？」。(3) の How about ～？（～はどうですか？）もやはり、軽い提案や相手の意見を求める際に使われる気軽な表現です。

13-3 控え目な提案

　提案をするとき、私たちはしばしば極力圧迫感のないことば遣いを選ぶことがあります。「提案」と大上段に構えるほどではない、控え目で微弱な提案のリストをご紹介します。

提案のパターン⑤　控え目な提案①

(1) **It's just an idea, but** why don't we invite Tina and Brad over for dinner? We haven't seen them for ages.
単なるアイデアですが、ティナとブラッドを夕食に招いたらどうでしょう。長いこと会っていませんし。

(2) **It might be a good idea to** create a contact list.
That will make communication much easier.
連絡先リストを作ってみるのもいいアイデアかもしれません。それによりコミュニケーションははるかに容易くなります。

（1）ではjust an idea（単なる思いつき）が遠慮がちな気持ちを表しています。why don't we〜の前にクッションとして置くことによって、提案を控え目にしているのです。（2）で使われている助動詞mightは「ひょっとしたら〜かもしれない」。mightはmayの過去形。mayの「かもしれない」よりも格段に低い確率を表します。これにより、圧迫感のない微弱な提案を実現しているのです。

提案のパターン⑤　控え目な提案②

(1) **Suppose** we postpone the party since most people are not free this Saturday.
ほとんどの人々が今週土曜日に時間がないので、パーティを延期したらどうでしょう。

(2) **What if** we go on a weekend getaway?　We both need a break.
週末旅行に行ったらどうでしょう？　私たちは2人とも息抜きが必要です。

（1）では「Suppose＋節」（〜と考えてみよう・仮に〜だとしてみよう）が使われています。相手にある状況を想像させることにより、控え目な提案を行っているのです。ちなみにsupposeの語源は「下に置く」であり、「土台」が感じられる単語です。土台である情報や知識に照らし

て「思う」ということ。「Suppose＋節」はある仮定を土台として考えてみようという意味となるのです。(2)のwhat ifは文字通り「〜したらどうなるだろう」というフレーズ。やはり相手に想像させることによって「提案」を実現します。

■

「状況別発言パターン」はいかがでしたでしょうか。

　ここで紹介した文を実際にすべて覚えログセにしたなら、その有用性がさらによく理解できるはずです。状況に応じた、聞き返されることのない、自然で的確な文を苦もなく作ることができるようになるからです。そして、同時に思い出していただきたいのは、これらすべての文をネイティブスピーカーたちは考えずに作り出せるということ。それが彼らの流暢さ・スピードを支えています。彼我の差は巨大です。ですが、同種のリストを会話で出会う、ほとんどの状況について網羅的に覚えたとしたらどうでしょう。私たちは会話に余裕と今までにない大きな自信をもつことができるはずです。

　これが英会話学習の一丁目一番地。日本人が英会話を攻略する大きな一歩になると私は考えています。

おわりに

　私は、学生時代より言語学の中に身を置いてきました。あまり褒められた学者ではないように思いますが、それでも多くの言語学者と同じ問題意識を共有してきたと思います。

　それは、ことばの繊細さと複雑さに対する畏怖です。これほど繊細で複雑なものを、比較的短時間のうちに苦もなく習得する人間精神の不思議さです。

　そしてその不思議さを解明するための方法論も、おそらく彼らと共有しています。「定なるものを探すこと」。一見複雑な現象も、突き詰めていけば単純な規則や感覚の繰り返しであると示すことです。単純な操作さえ定義できれば、それが生み出す無限の帰結を説明したことになるからです。数学の足し算のように。

　思えば、言語学者のことばを見るそういった「角度」は、外国語学習にもっとも適した角度です。

　外国語学習者には、無限の時間があるわけではありません。できる限り短い時間で学習を終えなくてはなりません。学習者におもちゃ箱をひっくり返したような雑多な言語現象を見せて「覚えてください」と言っても効率的な学習は望めません。しかしそれらすべてを統べるごく単純な規則・感覚を提出することができれば、外国語学習に新しい効率をもたらすことができるはずです。

　既存の学校文法は、未整理のおもちゃ箱です。英文読解に特化しており、英語そのものに立ち向かっていません。既存の語彙学習は、日本語訳に特化し、英語そのものに立ち向かってはいません。その向こうにある会話学習には、私たちはなんらの定見も持ち合わせていません。これら目を射る問題を放置しながら、「日本人は英語を話せない」と嘆くのは愚かなことであると私は思ってきました。そこにいくばくかの「定」を通す。そして「話せない」は越えられぬ壁ではないことを示す。それが本書を執筆した動機です。

本書を機縁に、多くの実のある議論が行われることを期待しています。

　最後になりましたが、言語学のイロハを教えてくださった中右実先生、長年共著で苦楽を共にしてきたPaul C. McVay氏。本書の締め切りを10年延ばしてくださった幻冬舎・石原正康氏、本書の内容に辛抱強く耳を傾けてくださった幻冬舎・森村繭子氏に、心より感謝申し上げます。

著者略歴

大西泰斗
（おおにしひろと）

筑波大学大学院文芸言語研究科博士課程修了。英
語学専攻。オックスフォード大学言語学研究所客員
研究員を経て、東洋学園大学教授。現在NHKラジオ
「ラジオ英会話」講師を務める。『一億人の英文法』（東
進ブックス）、『総合英語FACTBOOK』（桐原書店）な
ど、著書多数。

それわ英語ぢゃないだらふ

2021年10月15日　第1刷発行
2021年11月15日　第4刷発行

著者
大西泰斗

発行人
見城 徹

編集人
石原正康

編集者
森村繭子

発行所
株式会社 幻冬舎
〒151-0051 東京都渋谷区千駄ヶ谷 4-9-7
電話：03（5411）6211（編集）
　　　03（5411）6222（営業）
振替 00120-8-767643

印刷・製本所
株式会社 光邦

検印廃止

幻冬舎ホームページアドレス　https://www.gentosha.co.jp/

この本に関するご意見・ご感想をメールでお寄せいただく場合は、
comment@gentosha.co.jp まで。

GENTOSHA